儿童专注力

漫画版

繁星 著 图匠插画 绘

北京时代华文书局

图书在版编目（CIP）数据

儿童专注力 / 繁星著 ; 图匠插画绘. -- 北京 : 北京时代华文书局, 2024.7

ISBN 978-7-5699-5396-1

Ⅰ. ①儿… Ⅱ. ①繁… ②图… Ⅲ. ①注意－能力培养－儿童教育－家庭教育 Ⅳ. ①G782

中国国家版本馆 CIP 数据核字（2024）第 106058 号

Ertong Zhuanzhuli

出 版 人：陈 涛
选题策划：王 生
责任编辑：王盼盼
责任校对：李一之
装帧设计：末末美书
责任印制：刘 银

出版发行：北京时代华文书局 http://www.bjsdsj.com.cn
北京市东城区安定门外大街 138 号皇城国际大厦 A 座 8 层
邮编：100011　电话：010－64263661　64261528
印　　刷：三河市祥达印刷包装有限公司　电话：0316-3656589
开　　本：710 mm×1000 mm　1/16　成品尺寸：165 mm×235 mm
印　　张：11　字　　数：120 千字
版　　次：2024 年 7 月第 1 版　印　　次：2024 年 7 月第 1 次印刷
定　　价：48.00 元

版权所有，侵权必究
本书如有印刷、装订等质量问题，本社负责调换，电话：010-64267955。

目录
Contents

Part 3　如何在学习中提高专注力？

Part 4　慢慢来，逐渐提高孩子的专注力

Part 5 在生活中提高孩子的专注力

Part 6 给予孩子精神上的养料

Part

1

发现问题

为什么孩子总是无法集中精力?

孩子大脑发育的三个阶段

心理学家丹尼尔·戈尔曼在他的作品《专注》中写道:“比起智商,专注力对学生成绩的影响更大。”

由此可见,提高专注力对孩子学习成绩的提高也是有很大帮助的,较高的专注力可以让孩子保持更持久的注意力,由此提高课堂听课效率。

比如:上课听讲时,高专注力的孩子会比其他孩子的课堂效率更高;上自习课、写作业时,高专注力的孩子会比其他孩子的课业完成得更快、质量也更高。

那么,孩子的专注力与大脑的发育有什么关系呢?仔细观察孩子在不同年龄段的专注力表现就可以看出,大脑的发育与孩子的专注力有密切的关系。因此,若想提高孩子的专注力,了解孩子的大脑发育过程是很有必要的。

在人的一生中,大脑有 3 个极为重要的发育期,这 3 个时期是大脑发育的“高峰期”,又被称为大脑发育的“黄金时期”。这几个阶段非常重要,且都集中在儿童时期。

2022 年 4 月 6 日,由英国剑桥大学和美国宾夕法尼亚大学教

授领衔的研究团队，在《自然》(Nature）杂志上发表了题为“Brain charts for the human lifespan”的研究论文。

该团队对全球逾10万名研究对象（包括15周的胎儿到100岁的老人）的脑扫描图像进行分析，收集了有史以来最大的核磁共振脑扫描数据。该团队根据这些数据，绘制了世界上首个涵盖人类整个生命发育过程的大脑发育周期标准参考图。

该研究表明：大脑在人类胚胎期到出生后的一小段时间内的可塑性很强，这个时间段内孩子的学习潜力较大。

该研究还发现，从妊娠中期到儿童早期，人类大脑的体积迅速增长，从10%增加到80%，在11岁左右达到峰值，然后逐渐下降。从妊娠中期开始，人类大脑灰质（大脑细胞）的体积快速增长，在6岁之前达到峰值，随后接近线性下降；人类大脑白质（大脑连接）的体积在妊娠中期到儿童早期这个期间迅速增长，在29岁之前达到峰值，50岁以后迅速下降；大脑皮层下部灰质（控制身体功能和基本行为）的体积在14岁半时达到峰值。

这一系列的数据表明，儿童时期是人类大脑发育的关键时期。

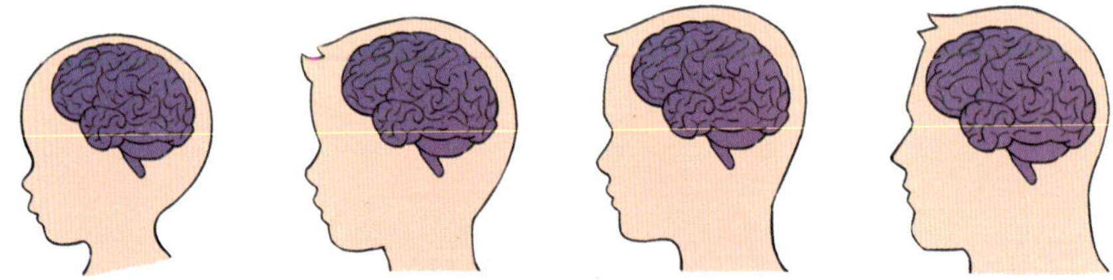

妊娠中期到3岁 80%　　3岁到7岁 95%　　7岁到11岁 98%　　11岁到成年 100%

爸爸妈妈如果能在这 3 个“黄金期”给予孩子正确的引导，那么将会对孩子产生受益一生的影响，同时，这 3 个黄金期也是培养孩子专注力的最佳时期。

大脑发育的第一个黄金期

妊娠中期到3岁

从前面的一系列数据可以看出，当孩子还是胎儿时，即还在妈妈肚子里的时候，其大脑就已经开始发育了。

在 3 ~ 6 个月的时候，胎儿的大脑进入了发育的高峰期，这是大脑发育的第一个重要阶段，也就是第一个黄金期。这个时候，爸爸妈妈就可以适当地对胎儿进行胎教了。

胎教可以促进胎儿的大脑机能、躯体运动机能、感觉机能以及神经系统机能的成熟。

当然，胎教也要适度，毕竟宝宝也是需要休息的。另外还需要注意的是，胎教可不是随意就能进行的。爸爸妈妈可以咨询专业的医生，询问怎样把握胎教的时间、如何具体进行胎教等问题。

在孩子出生后的第一年，其语言、视觉、听觉和认知等脑部功能已经经历了发育高峰期，或者发展到高峰期。这个阶段，爸爸妈妈应针对孩子的脑部发育情况，进行适当的引导，这样更利于拓展大脑的语言、视觉、听觉和认知等功能。

在 1 ~ 3 岁期间，孩子会慢慢形成自主意识、竞争意识，开始出现模仿等行为。这时，爸爸妈妈应该观察孩子的这些行为，趁机培养孩子的专注力、自律性，为孩子以后的成长奠定良好的基础。

大脑发育的第二个黄金期

3岁到7岁

中国有句老话:“3 岁看小，7 岁看老。”相信大多数的爸爸妈妈都听到过这句话，也能很好地理解其中的意思。3 岁孩子的行为习惯以及待人处事态度，通常预示着其成年后的性格和行为特点。

由此可以看出，孩子在 3 岁的时候，其个性的形成已经进入了萌芽期。这个时期是帮助孩子建立规则意识的关键时期，也是最佳时期。

爸爸妈妈如果在这个时期没有对孩子进行有针对性的教育，孩子的一些不良习惯以及处事方式，长大后很难有太大的改变。

如果想对孩子某些不好的行为加以矫正，爸爸妈妈便可以在这个时间段不断尝试纠正孩子的错误（一定要有耐心，不良行为不是一次两次就可以纠正的）。比如遇到孩子没有耐心、乱扔东西、无法控制自己的情绪、乱发脾气等情况时，就可以趁机针对孩子的行为加以矫正。

爸爸妈妈要注意耐心地引导孩子，比如孩子在玩乐高或者拼图等游戏时，因搭建不好或者拼不好而着急的时候，爸爸妈妈可以询

问孩子是因为什么原因没拼好，然后引导孩子找到其中的规律与方法，进而让孩子明白借助规律与方法才可以解决问题。

又或者带孩子去游乐园、小区广场玩，孩子不排队的时候，爸爸妈妈就可以告诉孩子为什么要排队。在日常生活中，爸爸妈妈也要以身作则，孩子才能有样学样地跟着排队。

长此以往，孩子的规则意识就可以慢慢地建立起来，爸爸妈妈以后对孩子的教育，也会事半功倍，收获较好的效果。

大脑发育的第三个黄金期

7岁到11岁

这个时期，孩子的大脑已经发育到一个峰值，所以孩子的情绪、情感也更丰富。

心理学家皮亚杰认为，该时期是儿童认知发展的第三个阶段，爸爸妈妈若能正确地引导孩子，可以提高其逻辑推理、正向思维、逆向思维和批判性思维等能力。这个阶段是孩子离开幼儿园，进入小学，开启学生时代的关键时刻，也是孩子进入学习时期的重要阶段。

这时，爸爸妈妈一定要培养好孩子的学习习惯，更要有意识地提高孩子的专注力。如果这时候孩子做事的专注度还不够高，爸爸妈妈就要多花些时间来提高孩子的专注力了。否则，孩子无论是在课堂上，还是在课后，注意力都容易分散，导致学习跟不上。

除此之外，爸爸妈妈还要注意孩子情绪、情感的变化，尊重孩子的想法，不要把自己的观点强加给孩子，并且在孩子需要的时候及时给予反馈，不要敷衍孩子。

另外，爸爸妈妈应尽量为孩子提供一个多元化的成长环境，更有利于培养孩子健全的人格。

为什么不专注？
——生活环境的影响

家里隔音差

家里隔音差，隔壁经常闹哄哄的；楼上每天都会传来椅子与地面摩擦、高跟鞋踩地面的声音等；楼上住户家里有孩子，经常听到

楼上的孩子跑来跑去的声音；家庭居住地紧邻一些商场、超市，晚上甚至还有开着小音箱跳广场舞的……

孩子每天受这些噪声侵扰，不仅影响心情，还无法集中注意力，更难进入专注状态；晚上这些噪声还会影响孩子的睡眠，导致孩子睡眠质量变差，第二天上课时，孩子就很难集中精神听课。久而久之，孩子的学习也会受到不小的影响。

吸引孩子的因素过多

孩子不愿意自己在书房里写作业，选择在爸爸妈妈待着的客厅里写作业，但爸爸妈妈聊天或者看电视时所制造出来的响动，可能会分散孩子的注意力，这些响动总是吸引孩子去听爸爸妈妈聊了什么，或者电视里播放了什么。

我侄女就是个典型的例子，有自己的书房不用，非要在客厅里面写作业。问其原因，她回答自己一个人在书房里害怕。但其实她并没有那么胆小，也不是真的害怕，她只是没有养成独自写作业的良好习惯。

家里人经常会被她的各种撒泼打滚行为弄得没有办法，所以最后都会答应她在客厅里面写作业的要求，与此同时会叮嘱她在九点前必须把作业写完，但实际情况往往是十点多了她还没写完。

为什么？之前难道没有写吗？有呀！只不过写作业时，留了一只耳朵给大人。大人聊天的时候，经常听到她插嘴接话，但大家仿佛习惯了，有时竟还顺着她的话往下说。这令我万分震惊。

明明家长经常同我抱怨孩子写作业是个大问题，经常拖到很晚才能写完，但是，就现在这种情况，你让她怎么能不拖延？写作业的时候，神思都不知道跑哪里去了。

所以究其原因，还是没培养她好的学习习惯，也没有给她营造安静的学习环境。

同时进行多件事

吃饭的时候，爸爸妈妈可能会趁机看会儿电视，或者刷会儿手机。这时候，孩子往往也会被吸引着去看。久而久之，孩子就习惯了边玩边吃，或者跟爸爸妈妈一起边看电视边吃饭、边看手机边吃饭。有时吃了一半，不知道想起什么，孩子就跑开了。眼看着饭都要凉了，赶紧喊孩子来吃饭，这会儿孩子又不想吃了。爸爸妈妈就会觉得，这孩子吃饭也太不让人省心了，看看人家谁谁家的小孩，多省心啊。殊不知正是这种生活习惯对孩子产生的影响，导致孩子注意力差，专注力也无法持久，吃个饭都能分神去干别的。

由此可见，生活环境对孩子的影响有多大，不仅会影响孩子的生活习惯，也可能会因为连锁反应而影响到孩子的学习，继而影响孩子的一生。

为什么不专注？——父母的影响

随意打断孩子的专注力

孩子玩拼图、乐高等游戏的时候，看着认真的他们，爸爸妈妈可能会心血来潮，想要逗一逗他们，便忍不住问：“你在玩什么，爸爸（妈妈）能不能参与？”一会儿伸手摸摸他们的小脑袋，一会儿捏一捏小脸蛋，一会儿又揪一揪小耳朵。有时候看到孩子做得不对，便直接打断孩子：“哎呀，你这里做得不对，你应该这样做……”然后不等孩子自己找到问题所在，便上手帮孩子解决问题，并开始下一个环节的游戏。

孩子在看绘本的时候，怕孩子饿了，切一盘水果端到孩子面前并打断孩子：“先别看了，快来吃点儿水果，爸爸（妈妈）都给你切好了。”然后直接抽走孩子手里的绘本，端着切好的水果给孩子吃。

孩子写作业的时候，爸爸妈妈发现孩子前面写完的部分有做得

不对的地方，不等孩子写完，就直接指出问题，还要求孩子立刻思考为什么不对，并马上改正……诸如此类情形，爸爸妈妈可能认为“无关痛痒”，但其实已经在不经意间打断或者干扰了孩子的专注力。

有时家里来了客人，孩子玩得正开心或者正在书房里非常投入地做作业，没有听到客人来。爸爸妈妈便会打开房门，喊孩子出去打招呼，甚至让孩子陪客人聊天。

以上这些“小事情”一件件叠加起来，就容易导致孩子的专注力分散，无法持续集中注意力。

即使抛开以上情形对提高孩子专注力的不利影响，任何人在认真做事的时候被打断都会产生不开心的情绪。

没有对孩子进行正确的引导

孩子做事经常虎头蛇尾，甚至有头无尾，比如玩拼图游戏玩一半就玩不下去了，或者玩具玩完丢在地上就不管了。

一开始，爸爸妈妈可能还会耐心地引导孩子做事要有头有尾，玩具玩完要收起来放好。或许孩子当时会说“好的”，并保证下次一定改正，但下次往往依然如此，次数多了，爸爸妈妈可能就此放弃了，心想：有说孩子的时间，我还不如自己收拾呢。

殊不知，长此以往，孩子错误的行为无法得到纠正，专注力也会越来越差，无疑为坏习惯埋下了一颗种子。等孩子长大再想纠正，那可就难多了。

经常数落、否认孩子

大多数时候，看着孩子的行为越来越不符合心理预期，爸爸妈妈就会忍不住数落孩子。爸爸妈妈有时候是无心的，有时候真的是忍无可忍才批评孩子，甚至否认孩子。

但是批评的次数多了，容易导致孩子遇到事情不敢主动解决、畏手畏脚，认为自己没有那个能力，还会在心里不断地否认自己。

长此以往，孩子会变得越来越没信心，丧失表达自己、表达情绪的欲望。无论是做作业还是玩拼图等游戏，孩子都会变得没耐心、容易暴躁、乱发脾气，其性格也会变得自卑、敏感，上课也无法集中精神，容易走神。

对孩子过于溺爱

与上面完全相反的，则是爸爸妈妈过于溺爱孩子。

平日里，无论孩子提什么要求，爸爸妈妈几乎都会无条件应允，甚至在孩子闹脾气的时候，孩子刚扯开嗓子哭，爸爸妈妈就赶紧上去哄或者立马答应孩子的要求等等。

在这种环境下长大的孩子，往往会变得过于依赖父母，遇事没有主见，容易慌张、害怕，也容易情绪化。遇到困难时，第一想法是寻求父母或者其他人的帮助，而不是主动思考怎样解决问题，或者自己先尝试着解决。

爸爸妈妈即使之后发现了这个问题，有心纠正，但每当孩子撒娇或者因为爸爸妈妈的纠正而感到委屈掉眼泪时，爸爸妈妈就心软了，心想：孩子这么难过，要不然还是算了吧。于是举手投降：“好了好了，下次记住不能再这样了。”然而孩子下次还会重演这个过程，问题依然存在。

爸爸妈妈可能还会感到很挫败，怎么每次都这样，不长教训，殊不知正是自己让这个错误延续下去的。比如钟表明明就挂在墙上，孩子想知道时间的时候，还是只会问：“爸爸，现在几点了？”或者放学一进家门，孩子就踢掉鞋，把衣服随意丢在沙发上，再次出门的时候，孩子张嘴就喊：“妈妈，我的衣服哪儿去了？”

明明之前是他自己随意丢在沙发上的，但他就是想不到自己可以先在房间里找一找，或者在进家门的时候，直接把衣服挂好。

这种生活中的坏习惯，还会导致孩子在学习中养成不良的行为倾向。

给孩子贴负面的标签

爸爸妈妈在与朋友闲聊或者与其他孩子的家长交流教育心得时，无意中吐槽自家孩子：“我家孩子太皮了。”“我家孩子太懒了，在家什么都不做。”“我家孩子胆子太小了。”

…………

爸爸妈妈可能认为说这些没什么大不了的，只是与朋友、家长间的吐槽而已；又或者只是“随口一说”，何况孩子本身就存在这些问题，也不是故意奚落孩子。

还有，爸爸妈妈在辅导孩子写作业的时候，辅导了半天，但孩子还是不明白，情绪一上来，可能就管不住嘴了：“你怎么这么笨啊？这么简单的题都不会。”

我们可能觉得这只是随口一说，殊不知就是这“随口一说”，“随”得多了，便会在孩子心里埋下负面情绪的种子。孩子被贴上负面的标签，会导致孩子越来越没自信，产生自卑的心理。

比如一些家庭，爸爸妈妈可能因为工作的原因，平时都很忙，下了班非常疲惫，回到家也很难提起兴致，心情也好不到哪里去。这样带着情绪与孩子相处，可能会让孩子感到紧张、害怕，让孩子觉得是自己哪里做得不好，才惹得爸爸妈妈不快。

甚至有的爸爸妈妈之间出现了婚姻问题，平时在家中争吵不断，甚至动手。虽然有时可能会刻意避开孩子，但烦闷的心情和解决不了的问题，还是会在不经意间表现在脸上。

有些爸爸妈妈在吵架的时候，因为情绪过于激动而控制不住音量，虽然孩子可能会因为害怕而不敢问，或者不敢表现出来，但其实这已经影响到了孩子，让孩子感到恐惧。

…………

类似的情况还有许多，大都是在无意间造成的，有的爸爸妈妈可能会认为这些问题“无关痛痒”，“这点小事”怎么会引起那么大的反应呢？甚至有些家庭已经习以为常。事实上，很多问题就是因为“这点小事”一点点积累出来的，这些小事潜移默化地影响着孩子的身心健康。

为什么不专注？
——孩子自身的原因

当我们排除以上各方面的原因后，还要考虑是不是孩子自身的原因。爸爸妈妈不妨给孩子做套检查，看其是否缺乏某种微量元素，或者看是否是遗传基因导致的。

注意缺陷多动障碍

当爸爸妈妈与其他孩子的家长交流教育孩子的心得时，或许会听到这样一个词语——“多动症”。“多动症”的学名为“注意缺陷多动障碍”。其主要特征便是孩子频繁地、不自觉地分心，也就是其注意力难以集中、比较分散，且专注力持续时间比较短。相较于其他同学，患有多动症的孩子，此方面的特征尤为明显。

比如，别的孩子集中精神听课的时候，患有注意缺陷的孩子可能早已神游天外了，而且他们很容易被外界事物干扰；在日常生活中，相较于其他孩子，他们会显得过于活跃，很难安静下来，并且容易冲动。除了与环境因素有关外，这种情况还有可能是患有多动症的孩子神经系统未发育完整导致的。

看到这里，爸爸妈妈也不必过于害怕，注意缺陷并不是智力障碍，只不过会让孩子在学习时很难集中注意力，导致专注力下降，从而使得孩子上课走神，做作业或者做其他事情时也总是拖延。我们可以根据孩子的具体情况来调整。

注意缺陷在儿童中是比较常见的一种病症。出现这种病症的孩子，多半是由于缺乏锌、铁等微量元素，并伴随一定程度的血铅增高等。同时，过度摄入可乐、咖啡、食品添加剂等物质，也可能会导致孩子患上注意缺陷。因此，爸爸妈妈可以根据这些信息，在饮食和作息上做出一些调整，避免孩子患上注意缺陷。

刷手机、沉迷于网络世界

孩子喜欢玩手机、沉迷于网络世界，是令许多爸爸妈妈头疼的事情。手机是吸引孩子成瘾、分散孩子注意力，导致孩子专注力下降的“罪魁祸首”之一。

很多孩子都喜欢刷抖音、快手等平台的短视频。这些视频仿佛永远刷不完，里面总是源源不断地出现让他们喜欢或者感到好奇的内容。

快节奏的短视频，会刺激孩子的大脑不断地分泌多巴胺，让孩子的大脑持续处于亢奋状态。长此以往，孩子会慢慢依赖这种“不用思考便可以快速获得满足、获得快乐”的体验。当他们再面对略显枯燥且很难快速获得满足、快乐的学习时，就很难集中精神进入专注状态了。慢慢地，孩子在学习时就会不断地“走神”，瞅瞅这里，瞧瞧那里，永远都能留出一只耳朵关注其他与学习无关的动静。

孩子的自控力本就比成年人差，而短视频又容易使人成瘾。因

此，孩子看短视频成瘾的概率要比成年人高很多。试想我们成年人在刷短视频时，是不是也很难立刻放下看得正起劲的短视频投入到工作中？看短视频不需要耗费脑力，而工作却会耗费大量脑力。两者形成鲜明的对比，让我们很难放下手中的手机，更何况一个孩子。

而沉迷短视频的孩子，其社交能力、情绪控制能力也往往比其他孩子差。因为当孩子沉迷于视频时，便减少了在现实世界中与他人的互动，习惯不需要动脑就获得快乐和满足。

时间久了，孩子大脑中管理情绪、逻辑思维、想象力、专注力的区域，便得不到良好的发育。因此，孩子的社交能力、情绪控制能力、专注力等就变得越来越弱，在以后的学习与生活中，也会逐渐变得缺乏自主性。这时候再想纠正孩子的不良习惯可就难多了。

不知道大家有没有听过这样一种育儿方式——延迟满足。延迟满足不单是为了让孩子学会忍耐，克制欲望，更是为了让孩子懂得做事要从长远考虑，自律起来，使孩子能够在未来的学习生涯以及社会生活和工作中，更好地应对压力以及困境，实现长远的目标，追求更有价值的未来。

但孩子如果在小小年纪就习惯了通过刷短视频在短时间内获得满足与快乐，长此以往，在未来也很难抵制一些哪怕特别小的诱惑，更不要说带有陷阱的诱惑了。孩子美好的未来有可能因此毁于一旦。

为什么学习之外的事情更吸引孩子？

玩，更吸引孩子

面对学习时无精打采、玩起来却精力充沛的孩子，爸爸妈妈常感到很无奈。比如一到周末，孩子就总想着玩，完全把作业抛到了脑后。无论爸爸妈妈怎么催促，孩子就是不肯写作业，总是用“我等会儿就写”“哎呀，作业没多少，明天再做也来得及”之类的话来敷衍；或者边写边玩，一整天也没写几个字。都到周日了，孩子还是不着急，照样玩，直到晚上才开始急急忙忙地赶作业。有时候作业太多写不完，一转眼就写到了深夜。这时，如果爸爸妈妈来问作业写完了没有，孩子就开始支支吾吾，甚至打算用撒谎的方式敷衍过去；实在没办法了，只好在临睡前叮嘱爸爸妈妈明天一定要早点儿喊他起床，好抓紧时间补一补没写完的作业。

在这个过程中，看着不断拖延的孩子，爸爸妈妈的情绪很难保持平静，因此可能会说一些带着情绪甚至过激的话，比如“早干吗去了，昨天催你多少遍了，当时不知道写，现在又知道着急了？”“就知道玩，除了玩你还能干什么？”“能不能好好学，有什么好玩的？”

但我们心里清楚，玩，确实比学习更吸引孩子。

玩的时候，孩子觉得既轻松又开心，一点儿也不枯燥，不用耗费脑力便可以迅速获得快乐，而学习就显得枯燥多了，需要他们动脑筋，不断地思考、运算。与学习相比，其他事情，哪怕发呆，都轻松许多。

由此可见，在上小学前，提高孩子的专注力，就显得尤为重要了。

假如在这个时期，爸爸妈妈没有注意这方面的培养，且孩子的专注力一直比较低，那么孩子在上小学后，一节课需要在教室里坐四十分钟，注意力很容易分散，会常常走神；又或者如前面讲过的情况，孩子不喜欢做作业，因为作业有难度，需要他动脑筋思考，于是一次次地拖延下去。

长此以往，孩子的注意力便经常会被各种小状况打断，哪怕是听到远处的汽车鸣笛声，孩子也会分神往发出声音的地方远远望一眼，神思有可能由此分散开来，注意力便难以集中。孩子有可能会变得过于活跃、做事喜欢拖延、不会控制自己的情绪；面对诱惑时，更容易受到引诱；面对挫折与困难时，不知道怎么正确应对；遇到难以解决的事情时，也更容易冲动。

因此，帮助孩子养成良好的习惯尤为重要。

不知道爸爸妈妈们有没有听过李玫瑾教授的课。李教授曾说过这样一句话：“教育孩子最好在 6 岁之前。”

为什么呢？前面其实已经讲过了，3 ~ 7 岁是帮助孩子建立规则意识的关键时期。这个时期的孩子，其个性已经进入萌芽期，即使孩子出现一些不好的习惯，爸爸妈妈也可以通过及时的引导来纠正，但过了这个时期再去纠正，就很难了。

正确引导很重要

孩子通过爸爸妈妈的引导，会慢慢明白什么是对的，什么是错的，哪些能做，哪些不能做。

比如：玩拼图游戏时，孩子始终找不到某一块图案，爸爸妈妈可以引导他想办法、找规律，而不是乱发脾气；玩具玩完后，要让孩子自己收拾起来并放好，下次玩时自己去拿；让孩子吃完饭再去做别的，而不是边吃边玩。

爸爸妈妈还可以引导孩子每天坚持做一件喜欢的事，比如：给爸爸妈妈讲故事，讲一讲自己这一天遇到的有趣的事；或者讲一讲今天发生的令他印象深刻的事；或者每天坚持画一幅画，写一篇日记；等等。

当然，这需要长期的坚持，爸爸妈妈也要根据具体的情况，适当地给孩子增加难度。比如：故事要有某个情节，至少出现一个人物；画出一个故事；增加日记的字数；等等。

爸爸妈妈可以通过这种刻意的培养，让孩子养成良好的习惯，自律且专注起来。那么之后孩子在课堂学习、课后写作业时，就能保持高度的专注力。哪怕以后进入社会，孩子也能积极地面对生活或工作中遇到的挫折与困难，而不是选择退缩或者直接放弃。

说到这里，爸爸妈妈也就能明白了，不是学习之外的事情更吸引孩子，而是没有正确地引导孩子，没有帮助孩子养成良好的习惯。

因此，只有帮助孩子养成良好的习惯，孩子才会更自律、自控力更强，专注力也会更高。

专注力训练游戏

萝卜蹲

这个游戏想必爸爸妈妈都会玩，对于孩子来说，也是比较有趣、容易完成的游戏。在活动身体的同时，还可以锻炼孩子的反应能力、听力和专注力等。在游戏互动的过程中，孩子需要集中注意力听口令。因为“专注地听”是获得信息的第一步，然后大脑才能给身体传达指令，令其完成相应的动作。

当然了，不仅可以玩“萝卜蹲”，还可以玩“兔子蹲”“猫咪蹲”。

爸爸妈妈和孩子可以各自选择自己喜欢的某一种动物或者其他事物代表自己。

假设孩子喜欢小兔子，在上一位玩家喊“兔子蹲”的时候，孩子可以像小兔子一样蹲一下，增加游戏的趣味性。

当然了，注意不要吵到楼下的邻居哟。

游戏准备

3 名选手即可。当然，人越多，游戏的趣味性越强，难度也就更高，更有利于锻炼孩子的专注力。

还可以动手做一个喜欢的动物或者其他事物的手工物品，比如做一个兔子的头饰，或者猫咪的尾巴。这样一方面提高了孩子参加游戏的积极性，另一方面也锻炼了孩子的动手能力。

游戏规则

比如爸爸选熊猫、妈妈选狐狸、孩子选兔子。三人按照从左到右的顺序，左边的人先蹲，边蹲边喊：“小兔子蹲，小兔子蹲，小兔子蹲完狐狸蹲。”

这时候，被喊到的狐狸，要在小兔子蹲完后做出相应的反应。反应慢的或者做错的，就会被淘汰或者记错，出错最少或者没有出错的人是最后的赢家。

和孩子玩游戏的同时，可以观察孩子在游戏中做出的反应，判断孩子的反应能力、听力和专注力以及身体协调能力。然后根据观察的结果，在下一次的游戏中做出相应的调整，以此来提高孩子的相关能力。

小兔子蹲小兔子蹲，
小兔子蹲完，狐狸蹲

狐狸蹲狐狸蹲，
狐狸蹲完，熊猫蹲

专注力训练游戏

填一填

年纪比较小的孩子可以玩下面的填一填游戏，做专注力提升的初级训练。当然，类似的游戏有很多种，爸爸妈妈可以在网页端找一些孩子感兴趣的游戏打印出来。每天坚持让孩子玩一会儿，然后根据孩子完成的速度和时间来决定是否要增加难度。

现在，我们可以先让孩子用下面两张图练练手。

游戏规则

在图一中，有 5 种天气情况，还有一把下雨天必备的雨伞，爸爸妈妈先和孩子讲清楚数字 1 ~ 6 分别代表的天气，也可以和孩子互动，让孩子来猜一猜这些数字分别对应的天气情况。

了解了之后，再让孩子在下面的空白圆圈里填上对应的数字。

图一

游戏规则

图二中有 4 种颜色不同的小汽车，每一种小汽车分别对应着下面方框里不同的图形。

现在有请我们的小选手根据要求，在 3 行不同颜色的小汽车下方的方框里填上不同的对应图形。

做完游戏后，爸爸妈妈别忘了和孩子复盘，哪里容易出错，为什么，复盘完记得给予孩子正向的鼓励，提高孩子参与游戏的积极性。

图二

Part

2

解决问题

——生活环境、父母、孩子自身

创造良好的生活、学习环境

前面我们分析了孩子不专注的原因，其中一个便是生活环境的影响。那么，我们该如何给孩子创造良好的生活环境呢？

家里做好隔音

如果家里隔音差，又紧邻超市、商场，甚至楼下还有个小广场，傍晚再有一些有闲情逸致的爷爷、奶奶们在楼下开着大音响跳广场舞的话，那对于要专心做作业，以及专心工作的人来说，简直是“灾难”。注意力比较分散的人，在这种环境下，是很难集中精力投入到学习或者工作中的。毕竟连我们成年人都很难做到“两耳不闻窗外事，一心扑在工作中”，更何况孩子呢？

所以，建议爸爸妈妈一定要给孩子打造一个舒适、安静的学习环境。这对孩子能否专注地学习，真的很重要。千万不要嫌麻烦，装隔音窗或者隔音棉就可以解决这个问题，成本并不高，但效果很好。

排除吸引孩子的外在因素

孩子大一些的时候，就应该让孩子独自入睡了，这也是帮助孩子走向独立的关键一步。长此以往，孩子就能渐渐适应独自做作业，甚至独立解决生活中遇到的一些小难题，而不是一遇到困难就第一时间去求助爸爸妈妈。

当然，和孩子分房睡需要给孩子一段适应的时间。爸爸妈妈可以和孩子多做沟通，慢慢来。孩子独自看绘本、画画，或者专注于学习时，如果爸爸妈妈在客厅招待客人、聊天或者看电视，请记得帮孩子关上门；如果房间隔音不好的话，记得声音小点儿。

另外，孩子写作业的书桌要保持干净、整洁，如果孩子已经出现注意力不集中、专注力不高、经常走神、喜欢拖延的情况，那么这一点尤为重要。

除了必要的课本、文具外，其他东西一律不能放在桌子上。这期间，爸爸妈妈可以趁机帮助孩子改掉乱扔东西、不爱收拾书桌的习惯。

不要同时进行多件事

孩子吃饭的时候，许多爸爸妈妈经常边看电视边吃饭，或者边刷手机边吃饭。时间久了，孩子也有可能会跟着爸爸妈妈学，养成边玩边吃饭的习惯。

因此，一定要注意纠正孩子边吃饭边玩，或者边吃饭边看电视的坏习惯。当然，爸爸妈妈如果能以身作则，在说服孩子改掉这个坏习惯的时候，就更有说服力了，也更容易得到孩子的配合。不然的话，孩子这时候肯定特别不服气，甚至会质问爸爸妈妈："为什么你们可以边吃饭边看电视，我就不能？"

这种情况，还怎么说服孩子呢？所以，爸爸妈妈还是以身作则，让孩子"有样学样"吧。

有时孩子可能正做着一件事，突然又想去做另一件事。这时候，就需要爸爸妈妈引导孩子先处理完眼前的事，再去做另一件事，并告诉孩子，事情要一件一件地完成。久而久之，孩子也能更专注地投入到一件事情中了。慢慢地，孩子就能养成做事有始有终的好习惯了。

因此，创造良好的生活、学习环境，更有助于提高孩子的专注力和自律性。

父母学会不打扰

对孩子做到不打扰

孩子在专注于做一件事的时候，爸爸妈妈一定不要打扰孩子。

孩子玩游戏遇到困难时，一定要让他自己先想办法并尝试解决。如果孩子确实解决不了，并发出了求助，爸爸妈妈再提供帮助并加以引导。

孩子写作业遇到不会解答的问题时，可以让孩子留在最后，等写完所有的作业后，再来思考这些不会解答的问题。如果经过思考后仍不会解答，孩子这时也向爸爸妈妈发出求助了，爸爸妈妈再提供帮助。

当然，即使到了这个时候，爸爸妈妈也要多做适当的引导，引导孩子举一反三，可以帮助孩子找到解决问题的办法，但不能直接奉上答案。不然长此以往，孩子便会依赖这种轻松解决问题的方式，以后凡是遇到不会解答的问题，也不主动思考，而是直接留在最后，等爸爸妈妈来解决了。

对孩子进行正确的引导

若孩子做事经常虎头蛇尾，爸爸妈妈可就要小心了。这预示着，孩子已经出现了注意力无法集中，无法专注地做完一件事情的情况。好在这时发现还不算晚，爸爸妈妈可以对孩子加以引导，帮助孩子把坏习惯纠正过来。最重要的是，一定要有耐心，我们自己都没耐心处理一件事，怎么帮助孩子解决难题呢？

经常鼓励、肯定孩子

相信不少爸爸妈妈小时候都有这种经历，在被数落、否定的时候，我们内心是很容易自卑的。尤其是当我们很想做好一件事，但最终搞砸的时候，爸爸妈妈的鼓励，对我们尤为重要。

同时，我们应该知道，这个时期的孩子，他们的心理状态、思考问题的方式、解决问题的方法可能都不是成熟的。有时可能是好心办坏事，这尤其让爸爸妈妈恼火。但越是这种时候，越不能数落孩子，而是应当引导孩子，并告诉孩子下次再遇到这种事情时，应该注意什么，怎么解决会更好。

不溺爱孩子

大多数时候，爸爸妈妈都是不忍心数落孩子的，甚至在一些老人眼里，训斥孩子是绝对不允许的，哪怕其真的做错了事。但如果一直这样无条件地溺爱孩子，孩子便会因此养成各种坏习惯。等孩子长大了，再思考怎么纠正他们身上的这些坏习惯时，就会发现完全束手无策。

前面我们提到，孩子 3 岁左右的时候，是为其建立规则意识的最好时期，所以，该严肃的时候一定要严肃；该疼爱的时候，才要好好疼爱。无原则的溺爱只会害了孩子。

正向强化、正确引导

正向强化、正确引导需要爸爸妈妈多点儿耐心，保持稳定的情绪。毕竟，有时候即使我们冲孩子发脾气也无济于事，反而会让事情变得更糟糕。我们应该多给孩子一些积极的心理暗示，对孩子身上一些比较好的行为习惯给予正面的肯定，切记不要把我们自己的想法强加给孩子。这不仅有利于加强孩子的自信心，更有利于培养孩子良好的行为习惯，为其以后的成长打下良好的基础。

营造良好的家庭氛围

良好的家庭氛围对孩子的成长尤为重要。长期生活在压抑、紧张的家庭氛围中的孩子，往往比较敏感、自卑、容易情绪化，更难拥有健全的人格。奥地利心理学家阿德勒在《自卑与超越》一书中说过一句颇为经典的话："幸福的人用童年治愈一生，不幸的人用一生治愈童年。"

因此，在和谐、健康的家庭环境中长大的孩子，更容易形成健全的人格。所以，给孩子营造良好的家庭氛围，对孩子的成长和性格塑造影响深远。

帮助孩子学会自控、自律

帮助注意缺陷多动障碍的孩子

爸爸妈妈如果带孩子做过一系列检查，确认孩子确实有“注意缺陷多动障碍”，除了给孩子补充缺失的一些微量元素、帮助孩子控制饮食外，还需要在专业人士的帮助下，根据孩子的不同症状及时进行专业的治疗。

帮助孩子自律起来

如果孩子沉迷于网络世界，爸爸妈妈一定要打起十二分的精神了。当然，让孩子完全与网络世界断开联系那是不可能的，因为现代生活的方方面面几乎都离不开网络。所以，我们可以化不利因素为有利因素，引导孩子在网络世界中学到更有用的东西，而不是任其一味地沉迷于各种无用的短视频中。

爸爸妈妈可以下载一些有趣的、科学普及性比较强的纪录片。当然，最好找一部孩子比较感兴趣的，家长可以陪孩子一起看，比如找一部动漫。现在的很多动漫都非常有教育意义，孩子能从中学到很多东西，还能锻炼孩子的想象力、思考能力等。或者家长可以搜一些手工教程，与孩子动手做一些手工、玩亲子互动游戏。这不仅可以加强爸爸妈妈与孩子的联系，还能让孩子享受到动手的快乐，锻炼身体、开发智力。

即使是有益的，也要注意控制玩游戏的时间，让眼睛获得休息。爸爸妈妈可以为孩子规定一个时间标准，比如一次只能看半个小时或一个小时的动漫，每天看动漫的时间不超过两个小时等。

培养孩子的自觉性

孩子缺少自觉性，就像机器缺了动力。提高孩子的自觉性，便可以提高孩子学习或者做事的主动性。面对老师布置的作业，孩子主动完成；做完作业，孩子主动收拾桌面；面对困难，孩子主动解决。而且，自觉性提高了，相应地，孩子的专注力也会获得提高。

给孩子独立完成的机会

培养孩子的自觉性，也就要求爸爸妈妈一定要给予孩子独立思考和完成某些事的机会。

想想孩子是否有过如下行为：回到家后，孩子将鞋子直接甩飞在门口，脱掉外套随手扔在沙发或者凳子上；玩完玩具就把它们随意扔在地上，即使走路碍事，用脚踢开也不会主动捡起来；看完绘本，地上、桌子上可能已经摆满了绘本，但是他也不会选择主动收拾；作业做完就去做别的了，任由课本、作业本摆满桌子。爸爸妈妈虽然每天唠叨无数遍："你看你也不知道收拾，扔（摆）得到处都是。"但一边唠叨，手却一边不由自主地主动收拾了起来。平时孩子遇到困难，总是不等孩子自己想办法解决，爸爸妈妈就已经主动帮孩子解决完了。孩子小的时候，我们总认为孩子还太小，说了也"不听"，或者"听不懂"。想着等孩子长大了，他自然会知道心疼爸爸妈妈，主动承担家务与责任。但实际上，情况往往恰恰相反。

在孩子小的时候，没有培养好其自觉性，等孩子长大了，再让其自动"觉醒"自觉性，主动积极起来，那真是太"难为"孩子了。我们都明白一个道理：本性难移，习惯一旦养成，是很难改掉的。所以，爸爸妈妈代替孩子解决问题，只会让孩子渐渐地依赖成性。长此以往，孩子做事的自觉性也会变差，慢慢地也就不主动思考和解决问题了。

因此，爸爸妈妈应该学会放手，对于孩子力所能及的事，要“唠叨”孩子自己做；当孩子遇到困难时，要引导其先思考怎么解决，孩子实在解决不了的，爸爸妈妈再伸出援助之手（这时候也不要直接帮孩子解决问题，而是要引导孩子找到解决问题的办法）。这样才能慢慢提高孩子克服困难的能力。

平时孩子如果想主动做一些事，比如帮助爸爸妈妈做家务，这时一定不要阻拦。即使孩子做得不好，甚至帮了倒忙，爸爸妈妈也可以纠正，但不能笑话孩子，说一些“去去去，一边去，净捣乱”“你还是去玩吧，净给我帮倒忙”诸如此类的话，这会逐渐打消孩子做事的积极性。

当然了，在日常生活中，孩子主动完成一些事的时候，爸爸妈妈也要给予有针对性的鼓励和正向的反馈。这样才能提高孩子的积极性、自觉性，下次做事时，孩子才会更积极、更自觉。

引导孩子自觉完成作业

某天走在路上的时候，看到这样一对母子，妈妈手里拎着菜，孩子抱着自己的玩具。我从他们身边路过时，听到这样一段对话：

“等下回家，我们先吃饭，吃完饭……”妈妈在这里稍稍停顿了下，孩子就接上了妈妈的话：“吃完饭就去写作业。”

“嗯，那做完作业我们就下来玩，好不好？”妈妈笑了，转头看着孩子问。

“好呀好呀。”孩子边说边开心地朝妈妈笑。

从这简单的一段对话中，就可以听出这对母子相处的状态，而且通过两人的对话，也能听出孩子显然已经有了主动完成作业的自觉性，知道吃完饭要先做作业。

培养孩子的自觉性，在孩子小一点的时候就可以进行。比如两三岁的时候，孩子玩完的玩具，爸爸妈妈可以引导孩子主动收拾起来并放回到原来的地方；看完的绘本，引导其主动收拾起来放到书柜里或者书架上。久而久之，孩子就形成了一种习惯：玩完玩具、看完绘本，要主动收起来。当然，这种习惯需要爸爸妈妈耐心引导，慢慢培养。

培养孩子在家庭中的责任感

比如：吃完饭，爸爸妈妈可以让孩子一起收拾碗筷、擦桌子；周六日出门野餐，可以与孩子一起准备外出需要带的东西；新年要到了，可以带着孩子一起购置年货、布置房子；家里有事情需要商量决定，可以询问孩子的意见，并采纳合理的部分（也并不一定真的需要孩子提意见，是为了让孩子产生对家庭的参与感、责任感）；家里有老人或者更小的小孩，可以让孩子在力所能及的范围内帮忙照顾；等等。

从这些小事开始，培养孩子对家庭的责任感，让孩子明白自己也是家庭中的一员，有义务主动承担家庭中的一部分责任。

当然，爸爸妈妈也要以身作则，这样才能让孩子有样学样。

加强锻炼、合理饮食

加强锻炼

针对孩子所处的年龄段，进行适当的室内和户外运动，不仅可以帮助孩子提高身体机能，还可以刺激孩子的脑部发育。

爸爸妈妈每天不妨抽出一些时间，与孩子做一些亲子游戏。适合在室内做的游戏有萝卜蹲、接纸球、穿越障碍物等；适合在室外进行的运动有踢足球、打篮球、攀岩、打羽毛球、跑步等。

当然，运动项目也要根据孩子的身体状况以及时间安排等具体情况做合理调整。比如我们可以先了解孩子喜欢哪类运动、适合哪类运动，孩子平时有多少时间可以做运动。不能为了运动，给孩子增加压力。

对于身体较弱的孩子，可以选一些比较轻松的运动；而对于活力大、好动的孩子，可以选一些特别能消耗体力的运动。经常锻炼身体不仅可以提高孩子自身的免疫能力，还可以让孩子变得更加自信。因为运动不仅对人的身体有益，也对心理有极大的好处。很多心理医生建议抑郁症患者跑步，便是这个原因。另外，和孩子一起参与运动，还有助于增进家长与孩子间的感情。

运动的时候一定要注意适度，要在身体可以适应的范围内进行。做一些专业的运动，一定要根据专业人士的意见购买专业的设备，以免对身体造成不必要的伤害。

心理压力过大导致的厌食

心理压力过大会导致孩子厌食。所以，当孩子因为心理压力过大而产生厌食的情况时，爸爸妈妈应该尽快帮孩子缓解压力。就如我们成年人心情不好或者生气的时候就会没胃口一样，孩子也会有这类情况出现。不要觉得这么小的孩子，能有什么压力？想想我们自己在孩童时期，是不是也有各种各样的苦恼和压力？如果放任这种情况不管的话，时间久了，不仅会影响孩子的性格发展，还有可能导致孩子因此抑郁。

所以，如果观察到孩子长期情绪不对或者作息紊乱，比如经常会因为一点儿小事而发脾气、暴躁，甚至失眠，这时，爸爸妈妈一定要与孩子进行一次认真的、面对面的沟通。

一般孩子心理压力过大，大部分是因为学习压力造成的，也可能是一些其他在成人看起来“微不足道”的“小事”造成的。这时候，爸爸妈妈应该立即帮助孩子解决这个问题，缓解孩子的情绪压力。

平日里，爸爸妈妈应当多与孩子沟通，有时间就多带孩子出去旅游。孩子的压力没了，胃口自然就好了。当然，如果孩子的问题过于严重，那么就需要在专业的心理医生的帮助下，进行专业的心理治疗了。

有规律、合理的饮食

很多孩子往往有挑食的毛病，让爸爸妈妈万分头疼。

他们想尽各种办法，把食物做成各种形状、各种颜色，只为让孩子多吃一点儿，以达到均衡营养的目的。但其实有时候孩子不爱吃饭、挑食，可能是缺乏维生素或其他微量元素造成的，还有可能是食物过敏引起的。另外肠胃有问题也会导致孩子挑食、厌食。

因此，当孩子出现挑食、厌食的症状时，爸爸妈妈不妨先带孩子去医院做个检查，然后再根据医生的建议以及孩子的具体情况安排饮食。

排除孩子身体方面的原因后，爸爸妈妈需要做的便是给孩子安排有规律的、合理的饮食，督促孩子平时多锻炼身体。身体健康了，孩子的食欲也会大增。有时间的话，爸爸妈妈可以陪孩子一起看美食纪录片，这不仅可以让孩子对各种食材的产地、来源、营养价值等有所了解，还有利于孩子无形中树立追求营养饮食的良好理念。

同时，在这个过程中，爸爸妈妈还可以与孩子互动，与孩子商量下一顿饭或者第二天要吃哪道菜。若是有时间，爸爸妈妈还可以和孩子一起准备食材，并回忆纪录片中讲到的相关食材的产地、营养价值等信息。同时也可以让孩子学做饭，会做饭也是孩子必备的生存能力之一。

孩子如果太小的话，还是要注意安全的，等孩子大一点儿再学也不迟。

专注力训练游戏

拼图游戏

找一些孩子感兴趣的图片，和孩子一起做拼图游戏。

拼图游戏可以同时锻炼孩子的手、眼、脑的协调能力。在做游戏的过程中，需要孩子的眼睛、手、大脑同时动起来。在看到或者听到游戏的要求时，孩子的大脑就开始下达指令，眼睛、手、身体根据大脑下达的指令完成相应的动作。

后面这张小螃蟹的拼图，需要孩子在15分钟内帮助小螃蟹找到身体的其他部位。在听到要求后，孩子的大脑就开始下达指令，孩子就会用眼睛观察拼图、搜索关于小螃蟹的碎片，手也会根据眼睛搜索到的碎片，把它们组合起来。

游戏大都是有规则的，不仅可以帮助孩子建立规则意识，还可以让孩子体会到赢得游戏时的快乐和输掉游戏时的失落这两种情感。这时，爸爸妈妈便可以趁机引导孩子坦然面对输和赢。大一点儿的孩子，可以选择更复杂的拼图来提升游戏的挑战力。

另外，还有一些需要与别人合作的游戏，可以帮助孩子培养团队合作意识；一些智力游戏，可以提高孩子的智力、专注力、逻辑能力、思维能力等；一些体育运动，不仅可以提高孩子的合作能力，还可以帮助孩子强身健体。

游戏有很多种，选几种孩子喜欢且适合孩子的，可以增强孩子参与游戏的积极性。另外，注意避免使孩子过度沉迷于一些网页游戏、手机游戏等。孩子如果沉迷其中会造成更糟糕的情况，爸爸妈妈一定要做好监督。

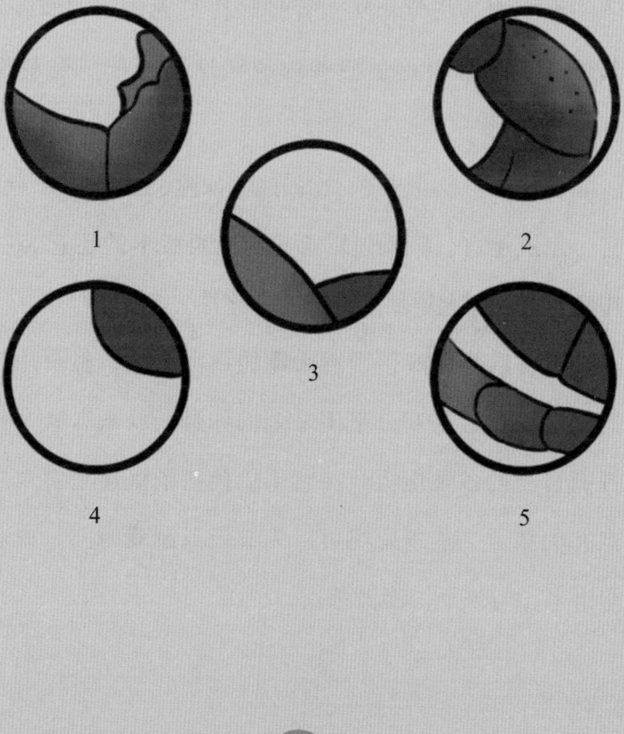

1
2
3
4
5

专注力训练游戏

迷宫大冒险

迷宫游戏不仅可以提升孩子的视觉专注力，还可以提升孩子的观察力、逻辑能力，锻炼孩子的空间思维能力、视觉记忆能力等。

在玩迷宫游戏的过程中，孩子需要高度集中注意力，才能有效运用自己的观察力、视觉记忆力等排除扰乱视线的“假线路”，帮助自己最终通关。加上这类游戏的趣味性比较强，很多孩子都喜欢玩。

迷宫游戏也有很多可选项，比如迷宫探险、迷宫寻宝、迷宫解谜、数字迷宫、建筑迷宫、障碍迷宫等等。网页版本的还有 3D 类迷宫，有身临其境之感，大大增加了游戏的趣味性。

爸爸妈妈可以找一些孩子感兴趣的迷宫游戏，将图片打印出来或者在网页端操作。游戏是空闲之余的休息、放松方式，是为了帮助孩子提高自身的各种能力，注意不能让孩子沉迷于游戏之中。年纪小一点儿的孩子，爸爸妈妈可以为其设置游戏时间，或者将游戏图片打印出来，与孩子一起做游戏。

游戏开始之前，爸爸妈妈需要给孩子讲清楚游戏规则。对于年纪比较小的孩子，可以给予适当的引导，告诉他哪条线路是走过的、走不通的，哪条路还没走，该如何选择路线等。

游戏完成后，爸爸妈妈可以和孩子交流一下游戏心得，还可以让孩子做一个总结。

现在，我们利用下面的几个迷宫游戏练练手。

游戏规则

图一中有好几个终点可以选择。爸爸妈妈选一个终点，孩子开动小火车一步步抵达。当然，为了增加游戏的趣味性，可以加入一个情景，比如今天周一，我们要开着小火车去上学，应该走哪条路线才能到达学校呢？也可以设置时间要求，比如现在已经七点四十五了，八点就要上课，我们要抓紧时间才能按时赶到学校。学校就是右下角的红房子。

“嘀嘀嘀”，小火车要出发了，请我们的小选手赶紧行动起来吧。

图一

喜欢运动的孩子可能更喜欢图二的迷宫游戏。爸爸妈妈可以让孩子选择自己喜欢的球，然后让其思考走哪条路线可以找到自己喜欢的那个球，哪条路线是最短路线、哪条是最长的，有几条路线可以找到这个球。

图二

图三中的小熊猫现在饿得饥肠辘辘，它怎样走才能吃到左上角的竹子呢？请我们的小选手帮帮它吧。

图三

图四中也有很多终点可以选择，比如，右下角的糖浆散发着甜甜的香气，小蚂蚁馋得直流口水。我们的小选手能不能帮助小蚂蚁吃到糖浆呢？

图四

Part

3

如何在学习中提高专注力？

课前预习是基础

课前预习是孩子课堂学习的基础，一方面可以培养孩子自主学习的主观能动性，另一方面也能提高孩子的课堂学习效率。

课前预习的重要性

在学习新的课文内容前，让孩子提前预习一遍，有利于孩子提前掌握课文知识。

正如叶圣陶先生所说：“学生通过预习，自己阅读课文，动了天君（指大脑），得到理解，当讨论的时候，见到自己的理解与讨论的结果相吻合，就有了成功的快感；或者看到自己的理解与讨论结果不甚相合，就作比量短长的思索；并且预习的时候绝不会没有困惑，困惑而无法解决，到讨论的时候就集中了追求理解的注意力。这种快感、思索与注意力，足以激发学生阅读的兴趣，增进阅读的效果，有很高的价值。”

除此之外，课前预习更有利于孩子在课堂上对知识的“消化”。

每个老师讲课的方式都不同。有的老师语速比较快，因为要讲的内容比较多，而一节课只有四十分钟，所以老师讲得比较快。有的孩子反应慢，“消化”得没那么快，所以就有可能出现上课时跟不上老师节奏的情况。因此，课前预习就尤为重要了。

如果提前做了预习，孩子对老师要讲的新课文有了一定的熟悉度，已经“消化”了一部分，那么课堂上听起来也不会太吃力。即使老师讲得比较快，孩子通常也能跟得上。

根据老师的意见进行预习

孩子需要根据老师布置的要求来预习课文。在孩子预习的时候，爸爸妈妈可以引导孩子多思考，把不明白的地方标注出来。如果时间充足的话，不懂的地方还可以多看两遍。

若还是不懂，可以先空着，之后问爸爸妈妈或者等课堂上老师讲到这处内容的时候，着重听老师的讲解。思考自己哪里没看明白、为什么会卡在这个地方。再遇到这种问题时，就能举一反三了。这种带着疑问听课的方式，更有利于提高孩子的专注力。

尤其新的课文内容难度大，那么课前预习就尤为重要。

讲究方式很重要

预习也要讲究方式，不是只大致看一遍就行了。正确的方式是一边预习，一边思考，正如这句名言所说，“学而不思则罔，思而不学则殆”。所以，预习的时候，我们的脑子也要转动起来，不是走流程似的过一遍就算预习了。

每门课有其不同的预习方法。数学讲究逻辑方法、公式以及法则等；英语和语文差不多，需要多看几遍单词和生字，多朗读几遍课文，熟悉课文内容。课后再巩固一遍相关知识，这节课的内容基本就可以掌握了。

课堂听课效率最为关键

课堂听课是孩子获取知识的主要途径

课堂听课的效率，直接影响着孩子的学习效果。因为孩子获取知识的主要途径，便是在课堂上听老师讲课。因此，孩子在课堂上的听课效率是非常关键的。

而提高课堂听课效率的关键，就是前面讲过的课前预习。课前预习如果做好了，那么接下来便是课堂听课了。这也是加深预习效果的关键环节，孩子知道哪里的知识点还需要老师的解惑，在课堂上就能有目的性、有针对性地听课了。

掌握提高课堂听课效率的方法

课堂时间是固定的，但课文内容有难有易。对于老师强调的重点、难点，一定要注意听。如果有没听明白的，记得做标注或者笔记，课后可以问同学、老师，或者爸爸妈妈。

课堂效率提高后，孩子在课后就有大把的时间来完成老师布置的作业以及预习后面的新内容。这样便能形成良性循环，对提高孩子的学习成绩以及培养一个好的学习习惯来说非常有益。

除了在课堂上认真听讲外，孩子也需要注意分清主次，把精力多花在解决难点和疑点上。将重点内容做好笔记，课后再进行温习，夯实基础。

另外，爸爸妈妈要注意孩子作息时间的安排。早睡早起，养足精神，这样上课的时候，孩子才不容易犯困、走神，从而能做到高效率地听课。

课后练习也很重要

课后练习的重要性

孩子在学到新的知识后，对它们的运用还没那么熟练。对于一些知识点，也可能比较生疏。课后进行练习，可以帮助孩子进一步巩固、夯实课堂上学习的知识，加深对一些概念、原理、公式等的理解。

正如国家运动员，一个动作往往需要练习无数遍才能形成肌肉记忆。有不少孩子会在课余时间报各种才艺班，比如书法班，孩子在练习写毛笔字的时候，老师也会强调手腕着力，让手腕形成肌肉记忆力。课后练习便是这个道理。孩子学到新知识后，课后进行练习可以让孩子把它们“吸收掉”，让这些知识真正成为自己的东西。这样在用到它们的时候，孩子才能做到信手拈来。如果我们吃完东西却不消化，那么也就无法为身体提供维持生命所需的营养。那吃下去的东西，和没吃又有什么区别呢?

课后练习还可以帮助孩子发现自己在知识掌握方面的薄弱项，从而可以及时查漏补缺。

在课后练习中掌握学习的技巧

很多时候，我们都是在数次使用某些东西或者应用某些方法后，才能发现一些更便捷的技巧。比如衣架不仅可以用来挂衣服，还有其他数种用处，知识的运用也是如此。

当孩子可以熟练运用某个知识点后，便可以做到举一反三，便是这个道理。孩子可以根据老师的建议，进行课后练习。当然，进行课后练习也要掌握其中的技巧，这样才可以在学习中获得事半功倍的效果。

根据不同的科目，进行有目的、有计划、有顺序的练习，除了可以让孩子做到事半功倍，也可以提高孩子学习的效率，进而帮助孩子养成高效率学习的习惯。无论是在以后的生活还是工作中，这对孩子而言都是有益的。

温故知新重积累

温故知新的重要性

“温故而知新，可以为师矣”是孔子总结、倡导并积极推广的一种重要的学习方法，且一直流传至今，可见这句话是很有道理的。

“温故而知新”，温习学过的知识，并从中得到新的理解和体会。

“书读百遍，其义自现”，可以看作是“温故而知新”的另一种解读。书读的遍数多了，就能领会其中的道理，意在熟读才能领会真意。一遍不够就两遍。当然，这是“笨”方法，具体运用起来也要分什么书。比如一些经典文学作品，读百遍犹觉不足；普通课文虽然不必“读百遍”，但温故而知新，还是有必要的。

温故而知新，也是不断积累经验的过程。在这个过程中，家长可以帮助孩子对知识进行总结，降低知识的遗忘率；还可以帮助孩子对知识获得新的理解。这也是促使孩子进步必不可少的过程。就像在学习新的课文前，孩子必然要不断温习旧的知识点。前面的学过即忘，后面的新知识又怎么能稳固呢？所以，只有不断地“温故”才能“知新”。孩子每天课后写作业，便是“温故”的体现，意在通过做作业巩固课堂上学到的知识。

重积累

积累是巩固和理解知识的必要过程。多积累，不仅可以让知识在脑海中存储起来，当再次用到它们的时候，便能信手拈来，还可以帮助孩子对新知识形成自己的记忆和理解，对知识进行深化和巩固，构建知识体系，有时还能让孩子获得新的见解。

但孩子如果总是看一遍知识就过，走马观花似的学习，那到用的时候，孩子的脑袋里就会空空如也，除了抓耳挠腮，大概也没别的办法了。重积累，其实也是为了通过量的积累，达到质的突破，就如练毛笔字，需要花费大量时间反复练习才能小有所成。这就是通过量的积累，达到质的突破。

劳逸结合，学习才能更有效率

过度学习不可取

孩子的专注力提高了以后，相应地，孩子的学习能力和学习成绩也会更上一层楼。因为只有专注力提高了，孩子在课堂上听课的时候，才能更专注地听老师讲课，吸收的知识自然也就比以前多了；课后写作业，其完成效率以及完成质量，也会比以前提高很多。

这时候是不是就得“趁热打铁”，不断增加孩子的学习任务呢？当然不是，虽然已经取得一些成效——孩子的学习成绩上去了，但也不能急于求成，要注意劳逸结合。这样学习才能更有效率。如果不断地增加孩子的学习任务，减少休息、放松心情的时间，有可能会适得其反。比如可能会导致孩子产生厌学的心理。过重的学习任务，还可能给孩子造成心理上的压力，再加上没有多少休息、放松的时间，孩子的压抑感会加剧，甚至造成心理问题。

就像我们成年人一样，我们在工作之余也总是想找机会放松一下，比如趁着周末出去玩一圈，或者下班后看会儿书或者电影来放松心情。换位思考，孩子何尝不需要放松时间呢？上完一天的课，回家后还要巩固课堂上学习的知识，预习新课文。爸爸妈妈如果再给孩子布置一些学习任务，挤掉孩子的休息时间，长此以往，孩子怎么可能不感到压抑呢？

适当放松，劳逸结合

爸爸妈妈可以适当给孩子提供放松的机会，趁着空暇时间带孩子多参加一些户外活动，比如逛一逛公园，多接触和观察大自然；参观博物馆，多了解各种文化产物与人类历史；多出去跑跑步，锻炼一下身体等。

只读书、死读书很容易让孩子的思维固化，所以不如劳逸结合，这不仅可以让孩子学到一些课堂里学不到的知识，拓宽孩子的视野，还可以缓解孩子平时的学习压力。在丰富多彩且健康的环境里成长

起来的孩子，不管是心理还是身体，都会更健康。

另外，爸爸妈妈也要多关注孩子的作息，保证孩子有充足的睡眠时间。孩子睡足了，上课才不容易犯困，也不会因此频频走神，有助于恢复注意力，提高专注力。孩子课堂听课的效率也会更高。

因此，与其让孩子只读书、死读书，只知道低头努力学习，不如换种方式，引导孩子劳逸结合，学习才能更有效率。当然最重要的是要让孩子掌握前面说的学习方法。

专注力训练游戏

找相同

圈一圈、找相同的游戏，不仅可以培养孩子敏锐的观察力，还可以提升孩子的视觉专注力。爸爸妈妈可以在网上搜索一些类似的游戏，并将图片打印出来让孩子玩；也可以买一些积木，有条件的还可以和孩子一起动手做一些适合孩子玩的道具。而最简单的玩法就是选择日常生活中的物品，比如将红豆、绿豆、黄豆及大米等混合在一起，让孩子挑出其中一种。爸爸妈妈也可以参与其中，与孩子一起玩游戏。比一比谁找得更快、更准确。

游戏需要根据孩子年龄的大小来选择难易度，然后随着孩子完成时间的缩短，爸爸妈妈可以逐渐增加游戏的难度，以此延长孩子的专注时长。

我们可以先用下面的图片练习下。

游戏规则

图一中有 3 种水果，分别是香蕉、梨、苹果。苹果有一些成熟了，红彤彤的，但似乎还有一些是没有成熟的，绿油油的，看起来比较青涩。能不能有请我们的小选手，帮我们把成熟的红苹果和不成熟的绿苹果找出来呢？红色的苹果，用圆圈圈出来；绿色的苹果，用方框框出来。

图一

游戏规则

图二这棵绿色的松树下面，有四棵还没有涂颜色的树。其中有一棵和涂了颜色的松树是相同的。有请我们的小选手，找出这棵与绿色松树相同的树，并帮它涂上颜色吧。

图二

专注力训练游戏

找一找

这个游戏比上一个游戏的难度稍微大了一些，我们可以根据孩子完成上一个游戏的速度来决定是否接着玩这个游戏。孩子如果能在短时间内快速完成上一个游戏，那就可以进行这个游戏了。

游戏规则

在图一中，有 4 种颜色的方块。蓝色的方块，用圆圈圈出来；黄色的方框，用方框框出来。

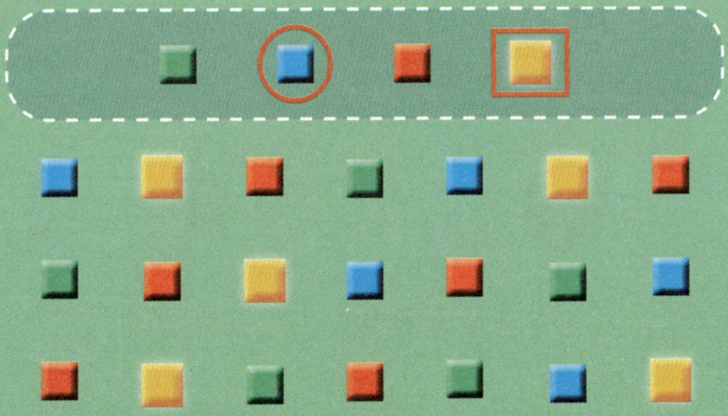

图一

游戏规则

图二中有7种运动器材。根据要求，找出这几种颜色的运动器材，并分别按要求标出来。

图二

Part

4

慢慢来，
逐渐提高孩子的专注力

学会方法，事半功倍

在日常的学习生活中，教会孩子使用方法，往往可以事半功倍，也可以提高效率。这样，孩子无论是在以后的学习、生活中，还是在未来的工作中，往往能脱颖而出。

授人以鱼不如授人以渔

老话说得好，“授人以鱼不如授人以渔”，爸爸妈妈对待孩子也应该如此。但在实际中，情况往往是相反的。孩子遇到困难时，爸爸妈妈总舍不得让孩子为难，不等孩子想办法解决，爸爸妈妈就上手帮助孩子解决了。但我们可以一直帮孩子解决问题吗？显然是不能的，我们不可能代替孩子，事必躬亲。

孩子进入校园和社会，开启自己的人生时，他总要自己面对那些未知的困难。从没试着主动解决问题，事事都由爸爸妈妈出面解决的孩子，又该怎么面对那些未知的困难呢？若这时候爸爸妈妈再想让孩子自己学着解决出现的问题与克服困难就很难了。所以，与其帮助孩子解决问题，不如引导孩子学会自己解决困难，慢慢地提高其自主解决问题的能力。

学习也有方法

有次出去吃饭等朋友的时候，听到这样一段对话。

其中一个声音说道："你真的在考研啊？真棒啊。说实话我还挺佩服你的，三十多了，还在不断地充实自己，我就做不到。

"那你学起来会不会比较吃力啊？现在我的记忆力可不如之前了，背单词背一遍第二天肯定忘。"

另一个声音回答道："也还好吧，我记忆力还不错，背单词也是有诀窍的。用对方法，比死记硬背轻松多了，所以也不算吃力。"

"还得是你，我上学那会儿，学习全靠死记硬背，完全不知道什么是学习方法。如果我知道学习有方法，上学的时候也不用学得那么吃力了。"

然后两人就开始交流学习英语的小诀窍，比如单词要怎么记、作文要怎么练，最后还做了总结，效果很是明显。两相对比，学会使用学习方法，确实事半功倍，效率更高。

很多孩子在面对学习中遇到的难题时，可能会一直用死磕到底的方式，最后不仅没想出答案，心态还崩了，导致后面一些简单的题也没心情做了。

但如果爸爸妈妈帮助孩子根据自己的情况找到适合自己的学习方法，那么孩子的学习效率往往也会事半功倍。比如孩子在做习题时，让其学会难易分明，先把简单的做完，然后针对性地花时间去攻克那些比较难的问题。如果实在不会做，可以求助老师、同学，或者爸爸妈妈，没必要和自己较劲。

除此之外，爸爸妈妈还要引导孩子试着用多种办法解决问题，学会举一反三。这样不仅可以帮孩子养成独立思考的好习惯，还有利于加深孩子对问题的理解，丰富孩子解题的思路、方法，提高孩子的解题能力，更能帮助孩子养成主动解决问题的好习惯。因此，帮孩子找对学习方法，养成良好的学习习惯，让孩子更自律，学习自然也事半功倍。

有时间观念，学会管理时间

让孩子明白时间的概念

爸爸妈妈可以买个沙漏，放在孩子的书桌上。另外，在孩子可以看到的地方放一个钟表，让孩子在沙子的流逝中明白时间是不可以随便浪费的，蹉跎了时间，也就蹉跎了自己，从而让孩子学会管理时间，而不是任由时间如流水般“哗哗”流逝。孩子有时间观念，学会管理时间，便可以养成良好的学习习惯，提高自主学习的能力，以及自主完成事情的主动性。

另外，爸爸妈妈需要引导并协助孩子制订学习计划，设定完成作业的时间，但不要一直催促孩子，这会给孩子造成心理负担。时间久了，孩子也会对一遍遍的催促习以为常，从而使催促起不到任何作用，反而会对孩子造成一些不好的心理影响。

爸爸妈妈也可以在生活中有意识地引导孩子遵照规定的时间完

成各项事情，培养孩子的“时间意识”。比如：早上八点十分到校，八点二十分上课，一节课四十分钟，课后休息十分钟；下午五点半放学，六点左右吃饭。或者在日常的对话中引导孩子，比如：“八点半之前写完作业，我们一起看二十分钟的书就洗漱睡觉。”“明天中午一点，我们去你爷爷奶奶家吃饭。”爸爸妈妈尽量用具体的时间来规定日常生活中的事件，加强孩子的时间意识。慢慢地，孩子的时间观念也就形成了。

珍惜学习时间，合理规划、管理时间

在日常生活中，爸爸妈妈也要以身作则，有时间观念，借此来影响孩子，使其养成珍惜时间的好习惯。

如果孩子有拖延、做事散漫的现象，爸爸妈妈可以稍微批评一下孩子并对其进行引导，告知孩子这种做法是不对的。让孩子明白什么时间该做什么、用多少时间去做，然后逐渐帮助孩子学会珍惜时间，形成合理规划、管理时间的观念。另外，孩子的作息以及生活习惯一定要有规律，这样才能保证孩子有充足的睡眠，孩子早上才能起得来，晚上也能早早入睡。

有时间观念的孩子更自律

有时间观念的孩子，在以后的学习与生活、工作中，会更自律、更讲求效率。很多爸爸妈妈抱怨孩子做事拖拖拉拉，总是拖到最后才去做，或者不强制要求，孩子就不会主动完成该做的事情。这就是因为孩子缺少时间观念，没有管理时间的能力。

因此，孩子还小的时候就让其树立良好的时间观念便显得尤其重要。只有这样，才可以帮孩子在未来的学习生涯中养成自主学习、自律的好习惯，对孩子未来的生活与工作更有裨益。

和孩子一起设立指向明确的目标

和孩子一起设立指向明确的目标，可以帮助孩子培养专注、自律、做事持之以恒等好习惯。这样，孩子未来遇到困难才不会选择后退，而是迎难直上，努力攀登。

目标要有明确的指向

有了指向明确的目标，不仅能让孩子的努力有方向，还能让孩子获得持久的驱动力。但这个目标需要切实可行，也就是说这个目标可以让孩子“量力而行”。假设目标定得太高，孩子很难完成，容易打击孩子的积极性；定得太低，孩子完成起来完全没有挑战性，又很难获得成就感。应该针对孩子目前的能力，设立略带挑战性又有价值感的目标，让孩子获得成就感以及自信心。孩子在实现这个目标的过程中付出了努力，获得成功时自然会有成就感。

设立完目标还要有行动

接着就是制订相应的计划，然后让孩子按照计划做出行动，否则，这个目标就是个摆设。同时，要根据孩子的实际情况制订计划并劳逸结合。

在完成目标的过程中，爸爸妈妈要适时对孩子进行监督与鼓励，然后根据孩子的表现再加以引导。爸爸妈妈可以与孩子一起制作目标表格或者流程图，把目标可视化。当然了，也可以把目标分解为一个个的小目标，并为此规划好时间。这样便可以让孩子一个个地完成。

孩子每完成一个小目标，就在表格或者流程图上做标记，表示该阶段的目标已经完成。这么做是为了让孩子更直观地感受到通过自己付出的努力，任务一点点地被消灭，可以增加孩子在完成目标过程中的信心，以及激发孩子更多的行动力，也能提高孩子的专注力。当然，爸爸妈妈也要及时对孩子因努力而获得的成功给予鼓励以及肯定。

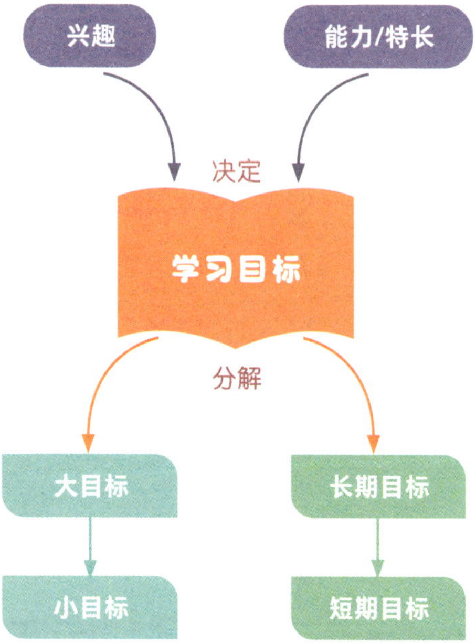

当孩子能逐渐独立完成大部分的目标时，说明孩子已经获得了自律、自主学习、独立思考等能力。坚持下去，便能培养出孩子有计划、有目的性地做事的好习惯了。这对孩子未来的学习生活，甚至步入社会，都大有裨益。

与孩子一起制订各种计划

前面我们讲了如何设立有明确指向的目标，但有了目标之后还要制订计划，然后付诸行动。这个目标设定得才有意义。

制订计划的重要性

教孩子学会制订各种计划，有利于培养孩子的条理性、逻辑能力、分配能力等。等孩子能独自制订计划，并能为自己设定小目标时，孩子便可以独自利用计划帮助自己完成任务了。

在这个过程中，孩子也会变得更加有耐心、更加自律，做事也更能分得清主次。同时也可以帮助孩子延迟满足，让孩子得以享受计划成功实施后获得的满足感与喜悦感等。更重要的是，这还可以帮助孩子提升学习和做事的主动性。

计划的制订

计划有很多种，比如新学期计划、学习计划、阅读计划、春游计划、休息日计划等。当然，孩子制订计划时，仍少不了爸爸妈妈的引导。

计划可以同时制订多个，比如以一周为一个时间节点，除了完成老师布置的作业外，还要计划其他闲暇时间要做的事情。最简单的表现形式就是用表格来呈现。每完成一项，就可以让孩子在表格中的方框里以他喜欢的形式做标记，比如打钩、画个小叶子等。

制订具体事项的计划，在学习计划、月度计划、新学期计划、春游计划中任选其一，参考 108—110 页的样例。

及时调整计划

当然，如果在完成计划的过程中发现这个计划并不合理，爸爸妈妈要引导孩子及时调整或者更换计划。完成一个小计划后，爸爸妈妈可以和孩子一起复盘，做总结。比如孩子哪里做得非常棒，哪个阶段进步很快，当然，任务都能按计划及时完成也是值得称赞的。

另外，哪些地方还需在后面的计划中继续努力，可以让孩子进行反思，并总结在这个过程中的感受、收获。爸爸妈妈可以在一旁适当进行补充。

这个时候爸爸妈妈的引导和鼓励是必不可少的，可以提升孩子继续完成计划的积极性与信心，增强孩子的参与感，以及被认可的满足感。

可能一开始效果并没有那么明显，爸爸妈妈不要着急，与孩子一起坚持下去。时间久了，效果就显而易见了。这是件对孩子有益，并能让孩子从中养成良好习惯的事情。

当孩子进入下一个阶段后，爸爸妈妈还需要根据孩子的情况，与其一起调整、不断修正计划的不足之处。当然，计划不是重点，重点是计划要达到的目的：让孩子学会更多、获得更多，并养成良好的习惯。

我的一天

起床、洗漱
整理房间

吃早饭
读书
练琴

休息一会儿
吃午饭

饭后休息
睡午觉
学习

休息一会儿
画画
踢球

看会儿电视
吃晚饭
散步

洗澡
阅读
睡觉

计划表

未完成处罚：打扫卫生一周

完成奖励：买最喜欢的一件玩具

日期	事项	执行情况
周一	阅读十页喜欢的图书， 下楼跑步半小时	✓
周二	阅读十页喜欢的图书， 下楼跑步半小时， 背诵古诗一首	
周三	阅读十页喜欢的图书， 下楼跑步半小时	
周四	阅读十页喜欢的图书， 下楼跑步半小时	
周五	阅读十页喜欢的图书， 下楼跑步半小时	
周六	去图书馆看书， 上两小时国画课， 上两小时钢琴课	
周日	与爸爸妈妈进行户外游， 晚上回来后阅读图书	

假期学习安排

上午	事项	下午	事项	备注
6:00	起床	13:00	背单词	
6:30	背书	14:00	写作业	
7:00	吃早饭	15:00	写作业	
7:30	读课文	16:00	运动	
8:00	写作业	17:00	运动	
9:00	写作业	18:00	吃晚饭	
10:00	休息	19:00	散步	
10:30	写作业	20:00	阅读	
11:30	吃午饭	21:00	自由安排	
12:00	午休	22:00	准备睡觉	

学习之外，还要注意孩子的身体

身体是革命的本钱

设定了各种目标与计划之后，发现确实对孩子很有帮助，那么之后就可以提高难度和增加任务量了，但一定要根据孩子的时间和情况来调整。

如果增加任务量的前提是挤压孩子休息的时间，那就不可取了，应该把身体放在第一位。身体健康了，孩子才能保持良好的状态做其他事情。不然只让孩子学习，而不考虑孩子的健康情况，时间久了，孩子的身体熬垮了，心理上也会承受巨大的学习压力，岂不是得不偿失？毕竟有一个健康的身体是做好其他事情的前提。

如果身体这个“本钱”出现了问题，孩子在学习中可能会感到疲倦，课堂上也无法集中注意力。一堂课下来，老师讲了什么都不知道。所以，保持良好的身体健康状况，对于提高孩子的学习效率是很重要的。

合理饮食、均衡营养

合理的饮食习惯，可以保证孩子营养均衡、身体健康。

随着生活水平的提高，各种各样的零食与饮料走进人们的生活，孩子不可避免地被这些零食与饮料所诱惑，特别是爸爸妈妈带着孩子逛超市的时候，孩子看到零食与饮料总会被吸引。

有时候，爸爸妈妈被孩子缠得没办法，或者看着孩子可怜兮兮的小眼神，很难不动摇，于是就买一些，想着让孩子每天少吃点儿就是了，但实际上很难做到。零食买回家了，孩子心心念念的全是零食，不吃完不罢休。可零食并不能代替正餐，很多零食高糖、高油，不利于孩子的身体健康。因此，应该尽量控制孩子的零食摄入量，让孩子多吃正餐，合理饮食。

另外，饮食尽量多样化，不能让孩子偏食。这样才能保证孩子营养均衡。

闲暇之余，多带着孩子出去散散步，或者进行跑步等运动，不仅可以增强孩子的免疫力，促进孩子骨骼、肌肉的发育，还能促进孩子的肠胃蠕动，增强孩子的消化、吸收能力，孩子的食欲变好，吃饭也更香了。

专注力训练挑战

整理小能手

挑战规则

玩具堆放在沙发上，占用了沙发的空间，我们就没办法坐下来休息了。请我们的小选手把沙发上堆放的玩具，根据沙发背上的数字依次摆放好，沙发的空间就整理出来了，我们也就可以坐下休息了。

这种小游戏不仅可以提高孩子的专注力，还可以帮孩子养成整理物品的好习惯。爸爸妈妈可以根据孩子完成的时间，逐步提高游戏难度，等孩子可以在短时间内完成高难度的任务时，我们就可以给孩子换另一种游戏了。

爸爸妈妈也可以引导孩子记录下每次完成游戏的时间，以及在玩游戏时犯的错误，然后在下一次的游戏中，根据之前的记录，帮助孩子找出产生问题的原因。这时，爸爸妈妈还可以和孩子互动，讨论为什么会出现这些错误，是不是走神了？最后给予孩子一些引导。

等孩子完成游戏后，爸爸妈妈记得给予孩子适当的鼓励，增强孩子的自信心。

专注力训练游戏

漂亮的叶子

爸爸妈妈可以带着孩子去楼下或者公园里捡落叶，同时制定规则，比如规定要捡的叶子的形状、颜色等。这样孩子在捡叶子的时候，就需要集中精力分辨叶子的形状、颜色等是否是自己需要的，以此来提高孩子的视觉专注力。在做游戏的同时，还可以帮助孩子认识不同树叶的不同形状，以及不同颜色的叶子的各种特征等。

爸爸妈妈还可以借此机会为孩子做一些简单的科学知识普及，比如树木的种类、生长习性，以及为什么有的树木冬天不落叶、有的到了秋天就会落叶？为什么有的树木叶子是红色的，而有的是黄色的？等等。当然了，爸爸妈妈记得提前做好相关知识的储备。

等游戏结束后，还可以把捡到的落叶收纳好带回家，和孩子一起做成标本，或者做成礼物。孩子也可以由此获得成就感与满足感。

游戏准备

准备几个装叶子的容器，如小袋子、盒子。也可以带上几根橡皮筋，或者比较细的线，方便用来给不同的叶子进行捆扎、分类。

游戏玩法

可以和孩子商量比赛方式，比如看谁捡得快，或者记录时间单独让孩子捡。但如果爸爸妈妈参与其中，孩子会更有互动感，玩得更开心。

起初，可以先让孩子捡一种喜欢的叶子，爸爸妈妈其中一人做裁判。裁判告诉大家要在几分钟内捡几片某种形状的叶子（一开始可以先捡孩子喜欢的某种形状的叶子，激发孩子继续参与游戏的动力），等规定的时间到了，看谁捡得又多又准确。之后，慢慢增加数量，也不用捡太多，后面还有其他环节。等孩子能越来越快地捡树叶的时候，裁判再提高游戏的难度，让另一人也捡一种自己喜欢的叶子，再定数量。或者同时捡两种叶子，规定每种分别捡多少。

之后再增加不同形状的叶子，依然是慢慢提高难度。除了要求形状，还可以要求颜色，如黄色、绿色、红色，也可以让孩子选择自己喜欢的颜色的叶子。

Part

5

在生活中提高孩子的专注力

在观察中学会思考

牛顿、爱迪生等伟大的科学家，他们的身上都具备善于观察和思考的优点。比如牛顿看到苹果掉落在地上，进而想到引力的问题，并通过实验和天文学观测，提出“万有引力”的概念。

天生的观察家

孩子在观察和思考的过程中不仅可以学到知识，还可以提高专注力。只观察而不会思考，便如“走马观花”。

事实上，孩子天生就是个观察家，看什么都觉得新奇。相信爸爸妈妈都被孩子问过各种稀奇古怪的问题。在我们眼里很稀松平常的事情，对孩子来说可能是个“不解之谜”。大多数时候，我们可以发现孩子的观察力是我们大人无法企及的，或许是因为成年人的世界有太多的干扰，而孩子的世界却简单多了。他们会好奇天空为什么会下雨，晚上的时候太阳去了哪里，蚂蚁每天忙忙碌碌地在做什么，还会模仿爸爸妈妈说话、做动作，甚至模仿小动物的动作，学小狗、小猫叫等等，相信很多爸爸妈妈常因此被逗得哈哈大笑。事实上，这种种表现都说明孩子已经开始对这个世界产生好奇心、探索欲，这些欲望会引导他们感知这个世界。

这个时候，爸爸妈妈可以引导孩子，通过观察、感知表面现象，进而思考深层次的问题，而不是当孩子问出各种“奇奇怪怪”的问题时，敷衍孩子或者只告诉孩子一个“标准答案”。正确引导孩子不仅可以培养孩子主动思考问题的好习惯，还可以提高孩子解决问题的能力。之后孩子在遇到困难时，便会主动地思考方案并解决问题，而不是遇事退缩，或者只是一味地寻求帮助。

《乌鸦喝水》

小学的课本中有一篇课文，课文的标题是《乌鸦喝水》。毫无疑问，文中的乌鸦很聪明。这篇课文除了告诉孩子遇到问题要多动脑筋，想办法解决问题外，还有另一个重要的意义，那就是让孩子学会在观察中思考。

乌鸦看到瓶子中的水，想喝但又喝不到，它观察着瓶子以及里面的水，开始思考：怎样才能喝到水呢？

显然，光靠自己是不行的，于是它往四周看去，寻找能帮助它的事物，然后它就看到了小石子。如果它不去思考小石子能不能帮

助它，那么它也只是看到了小石子，目光也不会在上面多做停留，更不会想到利用小石子帮助自己喝到水。所以，善于观察、思考，让乌鸦最终喝到了水。

在遇到困难的时候，爱思考的孩子就会像小乌鸦一样主动去观察、思考、探索和发现，最终找到答案。而且，爱思考的孩子其脑部活动更活跃，有利于脑部的发育。

培养孩子的责任感

孩子做错事，引导孩子主动承担责任

没有责任感的孩子，遇事更容易情绪化，也更容易冲动。因此，爸爸妈妈对孩子的正确引导尤为重要。孩子做错事，如果爸爸妈妈

一直没有对其进行正确引导的话，孩子往往意识不到做错事是需要承担责任的。更有甚者，对自己犯下的错误不以为然，认为自己年纪小，即使做错了事，也不会受到严厉的处罚，以至于最终酿成大错。

特别是在溺爱的环境中长大的孩子，当孩子犯错时，往往还不等孩子有什么反应，爸爸妈妈就已经帮孩子解决了问题，甚至帮孩子脱责。长此以往，孩子会变得完全没有责任感。因为他认为做错事也不会受到相应的惩罚，更不需要承担责任，其实责任已经由爸爸妈妈帮他承担了，但等事情发展到不可控制的时候，后果就不堪设想了。到那时，即使爸爸妈妈想帮孩子脱责或者承担后果，也无能为力了。爸爸妈妈这时再想纠正这些问题，就很难了。

所以，在孩子还小的时候，就要帮孩子建立规则意识，教他们明白什么是责任，做错事就要接受相应的惩罚。那么孩子在做事前，就会先考虑后果，从而避免酿成大错。

家里的大事，可以和孩子商量

很多时候，爸爸妈妈往往认为孩子还小、不懂事，有些事不必和他们说，说了他们也不懂。其实不然，一些基本的道理和简单的事情，孩子还是懂的。有时只是不知道怎么表达而已。

现在网络这么发达，孩子的信息接触面也更广泛，而且现在很多动画、动漫都添加了不少有教育意义的故事。爸爸妈妈可以帮孩子选一些科学知识普及节目，并陪孩子一起看。

有时爸爸妈妈可能会惊讶于孩子嘴里说出的话完全不像一个孩子能想到的，可能就是因为孩子从网络中看到了相关的内容。

家里发生大事时，爸爸妈妈可以与孩子一起商量，当然，我们可能并不需要孩子拿主意。让孩子参与商量环节，只是为了让孩子有参与感，进而产生责任感，也可以锻炼孩子处理事情的能力。这时，孩子也能感受到自己在这个家庭里是被尊重的、是有地位的。

当家里有什么事需要处理时，大家可以一起商量着决定，爸爸妈妈可以询问孩子的意见，并引导孩子学会换位思考，站在爸爸妈妈的角度，思考应该怎么做。渐渐地，孩子参与的事情越来越多，也会变得越来越有责任感，其主动思考和解决问题的能力也得到了锻炼，在学校里也更容易融入团体。

所以，在孩子还小的时候，培养其责任意识尤为重要。有责任意识的孩子，也更具备团队意识。无论是在学校还是在以后的社会生活中，责任意识都有利于孩子的发展。

引导孩子积极沟通

令爸爸妈妈头疼的沟通问题

曾有一位妈妈和我说过这样一句话："孩子管不了，别说沟通了，骂他都不听。"当然，骂孩子这种教育方式是不对的。另外，这也暴

露出一个问题，说明妈妈在平时与孩子相处时，几乎不会与孩子沟通，才造成前面说的这个情况。

其实，孩子并非不讲道理，也不是不想听，这大多是爸爸妈妈平时与孩子相处时没有认真与孩子沟通、忽视了孩子的需求、把自己的想法强加给孩子、剥夺孩子的选择权导致的。长此以往，孩子在遇到困难时特别容易情绪化，总是靠发脾气解决问题。

或许爸爸妈妈觉得与孩子沟通没那么重要，孩子还小，能懂什么。

虽然我们是成年人，更能审时度势，做出正确的选择，但很多日常小事并不需要那么较真，多听听孩子的想法和意见也并无不可。

比如，女儿想要黑色的玩具，爸爸妈妈却觉得女孩应该喜欢亮一点儿的颜色，粉色、红色都比黑色好，于是替孩子拿了主意，并觉得这没什么大不了，只是一件微不足道的小事而已。

又比如，周日孩子想去户外打羽毛球，但爸爸妈妈都有事，不想去。于是随口打发了孩子："今天别去了，你找个动漫看吧。"或者说："要不你在家里玩吧。"

上面两个例子中的爸爸妈妈，如果选择与孩子好好沟通，倾听孩子的想法，尊重孩子的意见，然后再表达自己的想法，解释一下具体原因，那可能就是另一种情形了，绝对比前面的做法效果更好。

沟通是解决问题的重要手段

沟通是解决问题的重要手段。上课听讲没听明白，需要主动问同学或者老师，而不是自己闷头在原地绕圈子。学校举行活动时，老师交给孩子任务，但孩子因为某种原因无法完成，如果孩子不懂得沟通，可能就只能硬着头皮做，任务最终没完成，导致活动推迟，甚至无法进行；懂得沟通的孩子遇到这类问题，会第一时间主动和老师沟通，并找到解决的办法。

由此可见，遇到困难懂得主动沟通的孩子，在未来的学校以及社会生活中，更能得心应手。因此，爸爸妈妈要引导孩子遇到任何事应该先想办法，积极沟通并主动解决。

另外，在日常生活中，爸爸妈妈也应该多与孩子沟通，尊重孩子的意见，而不是强行替孩子做决定。这样，才能使和孩子的沟通顺利进行。

在孩子感兴趣的事上培养孩子的专注力

兴趣可以激发孩子的好奇心、探索欲、求知欲，孩子面对自己感兴趣的事物更有热情与动力。

兴趣是最好的老师

20 世纪伟大的科学家爱因斯坦曾经说过："兴趣是最好的老师。"

要怎样去发现孩子的兴趣呢？这就需要爸爸妈妈多观察孩子在日常生活中的表现了。爸爸妈妈可以带孩子体验不同的娱乐项目，观察孩子对什么更感兴趣。当孩子对某个事物表现出好奇心时，爸爸妈妈一定要及时为孩子答疑解惑，并观察孩子是否对此有持续的兴趣。当孩子对某个事物有持续的探索欲、求知欲时，爸爸妈妈不妨为孩子提供更多的探索机会。如果孩子喜欢昆虫，爸爸妈妈可以找一些与昆虫相关的纪录片、科学知识普及图书等让孩子观看以了解更多。

有机会的话，爸爸妈妈可以带孩子去外面的世界更直观地观察、了解这些昆虫，也可以让孩子自己养一些适合在家里饲养的小昆虫。这不仅能让孩子体会到不同的感受，还可以培养孩子的观察力，从而提高孩子的专注力。

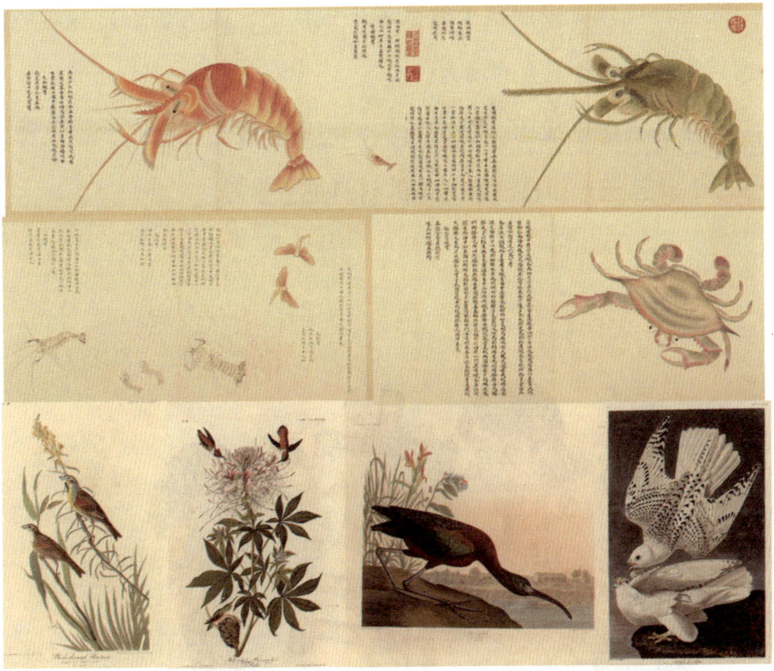

兴趣在于精不在于多

社会竞争压力在逐渐变大，很多爸爸妈妈也不由得开始焦虑，担心孩子在学校甚至在未来的工作中是否能占得一席之地，于是便给孩子报钢琴课、舞蹈课、声乐课等各种兴趣班，生怕孩子输在起跑线上。孩子每天的时间几乎都被安排满了，但这并不代表孩子就可以“十项全能”了。如果安排不合理，往往会适得其反。

兴趣班应该是按照孩子的兴趣来报读的，因为孩子只有对一件事感兴趣，才有学下去的动力。

不要让兴趣班成为孩子的负担，把选择权交给孩子，把兴趣还给孩子，让孩子选择自己感兴趣的科目进行学习。

如果在压缩孩子娱乐休息时间的前提下强制性地为孩子报各种兴趣班，孩子很难从这些所谓的“兴趣”班中体会到快乐、成就感与满足感。所以，在选择兴趣班时，与其多选，不如与孩子商量，精选孩子感兴趣的，还要平衡孩子娱乐休息的时间。除了兴趣班，孩子也应有属于自己的时间。

兴趣是动力的源泉，每个人都有自己的爱好和兴趣点。我们在做自己感兴趣的事情时，总会比平时有更多的耐心、更高的专注力。所以，爸爸妈妈不妨为孩子找一位叫“兴趣”的老师吧，别忘了选精而不选多。

帮孩子克服遇事紧张的难题

遇事便紧张会让孩子在学习以及生活中受到困扰，哪怕以后步入社会，也会对孩子的社交和工作造成不好的影响。这些不好的影响以及困扰容易让孩子的自信心备受打击，甚至伤及自尊。时间久了，还有可能使其产生自卑的心理。

心理上的压力导致孩子遇事紧张

在学习中，孩子明明已经掌握了某个知识点，在家中被爸爸妈妈提问时能够对答如流，但到了学校，在课上被老师点名提问时，就开始紧张，大脑一片空白，怎么也想不起原本还记得很牢固的知识点。有些爸爸妈妈过于严厉，孩子在被提问时，也容易因为紧张而回答不出。又比如在考试的时候，明明早就熟记于心的内容，到了考场，考卷拿在手中时，孩子却开始紧张，完全记不起解题步骤了。

这都是孩子给自己的压力太大导致过度紧张，从而产生的心理问题。这种压力在平时也很难让孩子的专注力达到更好的状态，因为在紧张的状态下，孩子是很难集中精力思考问题的，大脑只会如一团乱麻般，更不要说集中精力了。

心理调节与运动双管齐下

良好的生活环境与家庭氛围，有助于解决孩子遇事紧张的难题。

除了给孩子提供良好的成长环境，还需要调节孩子心理上的压力，让孩子通过正确且有效的途径把这些压力发泄出来，比如有效沟通，或者进行适当的运动等。

最好的沟通方式是与孩子面对面地沟通，让孩子倾诉自己的感受。当然了，这需要爸爸妈妈耐心地引导，让孩子感受到足够的信任，他们才能慢慢敞开心扉。在日常的沟通中，也尽量不要用强制或者命令的语气，孩子才不会在沟通中产生紧张情绪，沟通也会更有效。

通过沟通找到孩子的压力源，剩下的就需要爸爸妈妈根据孩子的具体情况来解决问题了。这不是一朝一夕的事，需要有足够的耐心才能获得最后的成功。

另外，让孩子每天进行适量的运动，不仅可以促进血液循环、增强体质、加快新陈代谢，也有利于缓解各种不良的情绪，比如愤怒、紧张等。因此，爸爸妈妈不妨每天抽出一些时间，陪孩子做一些简单的运动。

克服遇事紧张的心理，无论是对孩子未来的学习还是生活，都会有很大的帮助，甚至在孩子以后步入社会，面对高强度的工作时，克服紧张的心理也能使孩子冷静地处理各种事务，而不会手忙脚乱，不知该如何应对。

专注力训练挑战

连一连

上面这些图形都可以一笔画完，做这个游戏可以锻炼孩子的专注力，提高孩子的空间感知能力、几何认知能力和逻辑思维能力等。

针对年龄小的孩子，可以为其找一些简单的图。比如，三角形、四边形等。喜欢画画的孩子，还可以换一种玩法，让孩子自己想象一些事物，并一笔画出来。比如，小猫、小狗、树叶、云朵、花儿等，给孩子发挥的空间，让他自己想象，一笔可以画成哪些事物。

当然，这只是其中一种方式。我们也可以给孩子限定一些条件让孩子来画，比如画一棵可以结出云朵的小树，这种游戏尤其锻炼孩子的想象力。

当爸爸妈妈与孩子互动时，可以找一些比较厚的白纸。爸爸或妈妈坐在孩子的身后，把纸放在孩子的背上作画。画完一笔，就让孩子根据感受到的线条，在自己的纸上画出来。孩子画完后，爸爸或妈妈再画第二笔，孩子再次根据感受到的以及自己想象的线条，接着画第二笔。

整幅图画完后，爸爸或妈妈把自己画的和孩子画的做下对比，和孩子一起讨论画得不一样的地方是怎样出现的。这个游戏也可以几个人一起玩，游戏难度也将随之增大。

还有一种游戏——你画我猜。先画一幅图画，让孩子根据图画来猜成语、人名、地方名等。这个游戏可以根据孩子每天学到的新内容来进行，不仅锻炼了孩子的专注力，还顺便巩固了课堂知识。

专注力训练挑战

小兔子的惊喜

早晨，小兔子起床伸了个懒腰，穿好衣服、叠好被子，开始洗漱吃早餐。

吃完早餐，他就迫不及待地跑到院子里去看他的柿子树了。5年前，邻居奶奶送了他一棵柿子树的小树苗。他把它种在了院子里，现在这棵柿子树已经长得比他家的房子都高了。

去年的时候，柿子树结了5个柿子，可把小兔子开心坏了。他送给了邻居奶奶两个，剩下的3个分别给了爸爸、妈妈和自己。

邻居奶奶说，来年会结得更多，所以他特别期待。

小兔子来到院子里仰头看向柿子树。柿子树开了好多花呀！他一朵朵数了起来：1、2、3、4……15、16、17、18、19。

天啊！竟然有19朵花！他不可置信地又数了一遍。没错，就是19朵。他把这个好消息告诉了爸爸妈妈，又跑去告诉了邻居奶奶，奶奶笑眯眯地说："再等等。"

小兔子奇怪地问："等什么呀？"

“等惊喜。过几天你再去数。”奶奶说。

小兔子可等不及了，他迫切地想知道答案。于是每天都数一遍，几乎每天都能看到新的花朵。等到第 7 天的时候，他发现其中一根枝条上，又多了两朵花。

邻居奶奶笑眯眯地恭喜小兔子，如无意外，今年他将会收获 36 个柿子。

读到这里，请我们的小选手回答几个问题：去年的时候，这棵柿子树结了几个柿子？今年，小兔子第一次找邻居奶奶的时候，他的柿子树上有几朵花呢？最后，惊喜出现的时候，又是几朵花？第一年收获了几个柿子，分别给了谁呢？

Part

6

给予孩子精神上的养料

让阅读成为生活的一部分

阅读，不仅可以提高孩子的写作能力、开阔孩子的视野，还能提高孩子的个人修养、提升孩子的综合能力等等。

阅读可以丰富孩子的精神世界

“为学之道，莫先于穷理；穷理之要，必在于读书”。这是宋代理学家朱熹在著作《性理精义·行宫便殿奏札二》里的一句话。穷理的意思是穷究事物的道理。这句话的意思是，做学问，需先深入探求其规律；而若要探求其规律，必然要先读书。这句话指明，做学问、穷理与读书环环相扣。没有读书作铺垫，后面的穷理与做学问，也就难以达成。

“书痴者文必工，艺痴者技必良”。这句话出自清代大文豪蒲松龄的著作《聊斋志异·阿宝》。这句话的意思是，痴迷于读书的人，其文章必然写得好；对一项技艺痴迷的人，其技术必然精良。这说明做事能专注到入迷的程度，其相关的技艺肯定能达到意想不到的境界。同时在这个过程中，必然下了常人无法做到的苦功，如“头悬梁，锥刺股”，可不是随便说说就能做到的。

俄罗斯大文豪普希金说：“读书和学习是在别人的思想和知识的帮助下，建立起自己的思想和知识。”

“养成阅读的习惯，等于为自己筑起一个避难所，几乎可以避免生命中所有的灾难。”这句话出自英国小说家、剧作家毛姆的著作《月亮和六便士》。

类似的名人名言还有许多，都足以证明读书的重要性。当孩子把阅读当成生活的一部分时，孩子的精神世界就会逐渐丰富起来。

阅读可以为孩子打开更多的窗

古时候，有一个人为了让孩子读书，花钱购置了许多书籍。然后精挑细选了一位先生并请到了家里，让其为孩子讲学，还在门前种满了竹子，营造了一个“门前万竿竹，堂上四库书”的学习环境。

这个人就是苏洵的父亲，苏辙和苏轼的祖父——苏序。

我有一个同事，第一次去她家拜访的时候，进门看到家里的摆设，顿时令我惊叹不已，只见楼梯旁、桌子上、窗台、拐角处，全都放满了书籍。毫不夸张地说，无论走到房间的哪个角落，坐下来时，手边必能摸到书。而她的小女儿，其知识面之广，也让我深感震惊。同事说，平时夫妻俩在家时，很少玩手机，几乎人手捧着一本书读。孩子受他们影响，也很喜欢读书。

我心想有这样一个成长环境，孩子很难不喜欢读书吧。

由此可见，环境对孩子的影响是很大、很深远的。所以，若想让阅读成为孩子生活的一部分，爸爸妈妈也要身体力行地做好示范。

给予赞扬，孩子会变得更自信

为什么要赞扬孩子?

其实仔细想一想，爸爸妈妈就可以发现，无论是孩子还是成年人都喜欢被赞扬，而不喜欢被批评、责骂、羞辱。两者带来的情绪感受是天差地别的。敷衍、漠视、否定、过分的指责等，都是对孩子自我价值的摧残，是毁掉孩子自信的一把刀。时间久了，甚至会给孩子的心理造成创伤。

这时，孩子会变得自卑、注意力分散，甚至性格也会发生巨大的变化。由此可见，父母的肯定、赞扬，对孩子心理健康的影响是巨大且十分重要的。比如在日常生活中，被否定的孩子经常试图通过一些表现得到父母的夸赞，又比如在谈论某个事物时，哪怕自己并不了解，孩子也会冲上来抢答。这是孩子内心渴望被肯定、被赞扬的表现之一。

相比经常被否定的孩子，经常被夸奖的孩子更自信，做事也更具备主动能力，以及拒绝他人的能力。

不要吝啬你的赞扬

在日常生活中要经常肯定孩子。

如果发现孩子表现出遇事容易紧张，或者总是不自信的样子时，爸爸妈妈不妨试着先从日常生活中根据具体情况和事件有针对性地肯定孩子的努力、赞扬孩子的美好品德等。当然，这也是一个长期且缓慢的过程，需要爸爸妈妈有足够的耐心。

比如孩子在某一次的考试中取得进步时，哪怕是特别小的进步，也要适当地夸赞孩子。这可以让孩子知道自己的付出得到了肯定，而不是否定或者敷衍。这样的话，孩子在下一个阶段会更加努力地学习，由此形成良性循环。孩子也会在这个过程中变得越来越自信、越来越优秀。所以，收起敷衍、漠视、否定，真诚地鼓励、肯定、赞扬孩子吧！让孩子在心里获得满足感、幸福感、价值感。这对孩子来说，也是一种内在的驱动力，让孩子更自主、更积极地学习和面对生活。

趁着休息，来个亲子畅游

与孩子一起策划一场户外游

大部分的孩子都热衷于户外活动，特别是户外游。爸爸妈妈可以趁着周六日或者节假日休息的时候，根据自己和孩子的时间安排，与孩子策划一场户外游。比如可以去附近的公园、博物馆、科技馆等。如果时间充足的话，还可以来一场远游。

在户外游之前，可以与孩子一起制订一个户外游计划，一起准备外出需要准备的东西。这个过程中，爸爸妈妈可以趁机多引导、鼓励孩子独自完成一些自己可以完成的事情。比如在孩子不知道准备什么东西时，爸爸妈妈就可以适当地进行引导，“出去玩的过程中饿了，附近没有餐馆，又没有商店的情况下，应该怎么办？”“玩累了想躺一会儿，怎么办？”等等。

在旅途中，可能会遇到各种意外情况，遇到不同的人和事情，爸爸妈妈可以借机鼓励孩子多去了解当地的文化与风俗。

旅途中，多给孩子了解、学习新事物的机会

在旅行前，爸爸妈妈可以给孩子一个自己去了解旅途风光与人文的机会。不管是通过网络还是课本，让孩子先通过自己选择的途径来获取相关知识。在旅途中，孩子会乐于把自己知道的好玩或者有趣的事讲给爸爸妈妈听，并会因这种分享而获得成就感、满足感。

在下一次旅行前，孩子会更积极地做准备。

如果孩子了解得足够细致，甚至可以根据旅行计划，让孩子做向导。这会让孩子获得极大的满足感、参与感。而爸爸妈妈也可以在这个过程中多肯定、赞扬孩子，与孩子互动，把孩子不知道的其他知识一一告诉给孩子。

虽然孩子不一定能全部记住，但这一路的见闻与风光，一定会给孩子一个深刻的印象。让孩子学会从不同的角度看世界。

另外，在旅途中，爸爸妈妈可以多给孩子一些任务。比如背着自己的换洗衣服和食物、饮品等。需要问路时，可以鼓励孩子去问等等。这个过程不仅可以让孩子慢慢学会独立，还可以培养孩子的团队意识。

所谓“读万卷书，行万里路”。在旅行的途中，孩子可以更直观地感受这个世界及真实的生活，感受课本里听不到、闻不到、看不到、触碰不到的东西，可以见识大自然中各种各样的风光，不同的地理风貌、各地的风土人情，体验大江大河的辽阔、草原上无限的生机、古城的文化底蕴等等，从而获得对这个世界最真实的感受，打破孩子有限的想象空间，拥抱这个多姿多彩的世界。

因此，在旅游的过程中，除了能让孩子感受到因父母陪伴而获得的满足感，还可以提高孩子独立处事的能力、提前计划的能力、应对突发情况的能力以及对社会的适应能力。同时还可以培养孩子的认知能力、团队意识等。更重要的是，旅游还可以增进亲子感情，扩展孩子的知识体系。

给予孩子高质量的精神陪伴

有句话叫“最好的老师是父母，最好的教育是陪伴”。在孩子童年时期，除了需要提供物质条件，保证孩子的身体茁壮成长外，孩子的心理健康，也是爸爸妈妈需要关注的。

高质量精神陪伴的重要性

高质量的精神陪伴，可以让孩子感受到来自爸爸妈妈的爱。在充满爱的环境中长大的孩子，才会拥有完整的人格、正确的价值观。

有研究表明，1 ~ 5 岁的孩子，如果经常缺少爸爸妈妈的陪伴，会导致其缺乏安全感与归属感，容易形成自卑的心理，甚至导致孩子的性格变得孤僻、叛逆、任性。

实际上，孩子的每个阶段都离不开爸爸妈妈的陪伴。处在婴幼儿期、学龄前期、童年期、青春期等不同时期的孩子，都需要爸爸妈妈给予不同类型的陪伴。爸爸妈妈要根据孩子不同时期的表现，来回应孩子的精神需求。

在爱的浇灌下成长起来的孩子，往往是积极、乐观且自信的。面对挫折与困难，更容易迎难而上、积极主动地克服困难。无论是在学校中还是之后步入社会，孩子也更容易融入不同的社交圈。

有朋友的孩子，通常不会被孤立或遭受校园暴力。即使出现被同学甚至被未来的同事排挤的事情，孩子也能很好地解决。

最好的老师——爸爸妈妈

爸爸妈妈除了是孩子的父母外，还扮演一个很重要的角色，那就是孩子的老师，且是影响孩子终生的老师。因此，爸爸妈妈这两位家庭中的老师，对孩子的影响可谓至关重要。比如孩子的价值观、认知能力、性格的形成，都会受到爸爸妈妈的影响。

那么，什么才是高质量的精神陪伴？所谓高质量的精神陪伴，是指给予孩子思想上、精神上的引导与陪伴，满足孩子不同时期对父母不同的精神需求。这时候，爸爸妈妈需要站在孩子的角度来陪伴孩子，满足孩子的精神需求。

高质量的精神陪伴，并不是说只陪在孩子身边就行。比如爸爸妈妈一边玩手机一边陪孩子做游戏或者写作业；爸爸与妈妈一边聊天一边让孩子自己在身旁玩等等。这都不是真正意义上的陪伴，这种陪伴只会让孩子认为爸爸妈妈在敷衍他们。

实际中更多的情况是爸爸妈妈经常因为忙于工作，而忽略了孩子。为了弥补缺失的日常陪伴与精神陪伴，爸爸妈妈可能会更多地选择在物质上满足孩子，认为这样就可以抵消缺失的陪伴。但实际上，这两者并不能相互弥补，更无法抵消。相比于物质需求，孩子更需要精神陪伴。

哪怕爸爸妈妈每天抽出十分钟的时间给孩子一个高质量的精神

陪伴，都比直接进行物质满足更有利于孩子的身心成长。所以，爸爸妈妈应该每天抽出一部分时间，放下手机，参与到孩子的游戏或话题里，或者聊天时让孩子加入，聊一些孩子也感兴趣的内容，这才是有效的陪伴。

这不仅可以让孩子了解爸爸妈妈的收入来源，以及爸爸妈妈每天是怎样工作的等等，还可以让孩子明白爸爸妈妈赚钱并不容易，钱不能随意消费，应合理理财。

另外，当孩子在求助时，哪怕只是一件特别小的事情，爸爸妈妈也要认真地倾听，并引导孩子解决问题；做家务时，尽量让孩子参与其中。孩子也是家庭的一分子，让其参与必要的家务劳动，可以让他感受到被需要的满足感、参与感，以及对家庭的责任感。

陪伴不是爸爸妈妈代替孩子一手包办，也不是一股脑地用物质进行弥补。这些都无法替代孩子缺失的爱与陪伴。因此，若想培养一个人格健全的孩子，那就不要忽略孩子的感受和情绪、不要敷衍孩子的问题，多与孩子沟通，与其一起做家务、玩游戏、看书，多对孩子进行一些精神陪伴。

懂得自尊与尊重他人，拥有自爱与爱他人的能力

一个人只有先尊重自己，不自轻自贱，才能给予别人应有的尊重，进而获得更多人的尊重。

自尊与尊重他人

自尊，即自我肯定、认可自己。

自尊是一个人应该具备的尊严，但并不是每个人都具备。我们可能经常会从网络中看到一些令人唏嘘的新闻，或者从其他渠道看到一些故事。比如原本一个很体面的人，因受不了生活中的打击而自暴自弃，甚至放弃自己的尊严。慢慢地，这个人也不再尊重别人，同时也失去了别人对其的尊重。所以，给予孩子一个良好的成长环

境，教孩子学会自尊与尊重他人，提高孩子自爱与爱他人的能力。孩子以后无论生活在什么环境中，面对困难，也能逆难直上，不会丢弃自己的尊严。

一般来说，心理健康的人自尊感更强，也更懂得维护自己的自尊。因为他对自己的价值是肯定的，并认为自己值得别人尊重，就像自信的人更容易赢得别人的尊重一样。

所以，作为爸爸妈妈，对孩子进行这方面的教育就显得尤为重要了。其实很多时候，不需要爸爸妈妈特意去说什么，针对某件事，对孩子进行适当的引导即可。比如，孩子拿小伙伴或者同学的缺点取外号或者取笑别人时，爸爸妈妈就可以介入，告诉孩子应尊重别人，每个人都或多或少地存在某些缺点，但每个人也都是独一无二的。

我们不应该嘲笑他人，而应该给予他人足够的尊重。维护别人的尊严，才会收获别人的尊重。

当一个人自身的尊严受到他人的维护与尊重时，也会因此而感到幸福，更加坚定地认可自己。反之，则会使他感到痛苦、愤怒，甚至产生无助、绝望、自卑的心理。

在生活中，孩子也会观察自己的父母，模仿父母的为人处事。因此，爸爸妈妈面对不同的人所表现出来的不同的态度，也不可避免地影响着孩子。比如面对服务行业的人，如果父母带着傲慢、高人一等的态度来对待他们，无疑也在孩子心里埋下了傲慢的种子。如果这时再告诉孩子应该尊重别人，他就不会认可。

“明明你们自己都没有做到，为什么要求我这么做？”所以，只有言行一致，才能让孩子“有样学样”。

另外，爸爸妈妈在平时与孩子的相处中，也要多维护孩子的自尊。不要认为孩子还小，没多大点儿事，说说他怎么了，很可能正是一件小事就打击了孩子的自信心（孩子犯了错误，需要加以引导，但不能问都不问，直接苛责一通），导致孩子自尊心受损。次数多了，孩子可能就会陷入自我怀疑中，不断否定自己，做事也不敢主动，陷入“反正我也做不好”“反正无论我怎么做都会被批评”的状态中。

久而久之，孩子就会变得自卑、懦弱。在学习或者做作业时，也容易出现专注力差、拖延等问题。如果不加以纠正的话，无论是对孩子的学习、生活，还是孩子性格的塑造，都会产生不好的影响。

在面对困难时，孩子也更容易妥协，而不是迎难直上。

除了维护孩子的自尊心，爸爸妈妈还要注意帮助孩子提升价值感。一个人实现自我价值、社会价值后，才能获得更强的自尊感，获得更多的尊重。

最后引用两位名人的话：“任何人都应该有自尊心、自信心、独立性，不然就是奴才，但自尊不是轻人，自信不是自满，独立不是孤立。——徐特立”“不知道他自己的尊严的人，便不能尊重别人的尊严。——席勒”

拥有爱自己和爱他人的能力

学会接纳自己并爱自己。有能力爱自己的人，在心理上是比较健康的，这类人往往活得比较自信、有尊严。

只有爱自己，给予自己足够的爱，才能有余力爱他人，自然也能收获更多的爱。

爱自己，还需要不断地肯定自己。在不断地肯定自己的过程中，提高自己的价值感。

在日常生活中，爸爸妈妈不应鼓励孩子事事都“舍己为人”。比如有同学找孩子借钱，孩子自己的零花钱都快见底了，仍借给同学，转身再问妈妈要。

可能这个同学也不是急需用钱，只是因为经常大手大脚地花钱，没几天就把零花钱花完了。

就这样，这个同学一次次地向孩子借钱，而孩子却不好意思拒绝。又或者不是自己的事情，同学明明也有时间，却非要孩子帮他做，而孩子总是不好意思，或者不会拒绝。那么这时，家长就要引导孩子，让孩子勇敢地说“NO”，并告知孩子，当这件事超出你的能力范围或者让你感到为难和不舒服的时候，就要勇敢地说“NO”！不要做“老好人”，勉强自己做不想做的事情，因为如果不及时拒绝，这种事情只会更多。

孩子可能怕拒绝之后会失去这个朋友，但实际上，朋友间应该是平等的、互帮互助的，没道理把自己不想做的事强加到别人身上。而且每个人的一生中，都会遇到很多人，幼儿园升小学、小学升初中、换班级，我们会遇到很多同学与朋友。

当一个人总是让你做让你感觉不舒服的事情时，就要勇敢拒绝。如果因为不好意思拒绝，半推半就地答应了，自己接下来的心情只会因此而变得糟糕，对方也会变本加厉。

所以，多爱自己，多肯定自己，一个人越是肯定自己，就越自信，越有能力爱自己，越敢于合理拒绝别人，而不是委屈自己，试图讨好所有人，让所有人都对自己满意。

即使是伟人，也做不到让所有人都满意。所以，爸爸妈妈不妨先教会孩子自尊与尊重他人，拥有自爱与爱他人的能力吧。

专注力训练游戏

观察小能手

可以让孩子根据自己的喜好观察身边的相关事物，记得要找孩子感兴趣的来观察。兴趣更容易让孩子产生探索欲。

如果孩子喜欢各种小生物，那就可以带着孩子观察蚂蚁、蜗牛；又或者水里的水草、小鱼；或者种一粒种子，观察其成长过程；培养菌类，观察其成长过程等等。

如果生活的环境条件有限，那不妨带孩子去户外，让孩子调动视觉、听觉、嗅觉、触觉，从而让孩子多看、多听、多感知，然后启发其进行思考。

现在，我们看一个简单的例子。

蜗牛

蜗牛用什么走路？蜗牛为什么背着一个壳，有什么作用？为什么蜗牛爬过的地方有一条亮晶晶的痕迹？蜗牛头上的两根小棍棍是什么？

可以给孩子看些图解来了解蜗牛的构造。

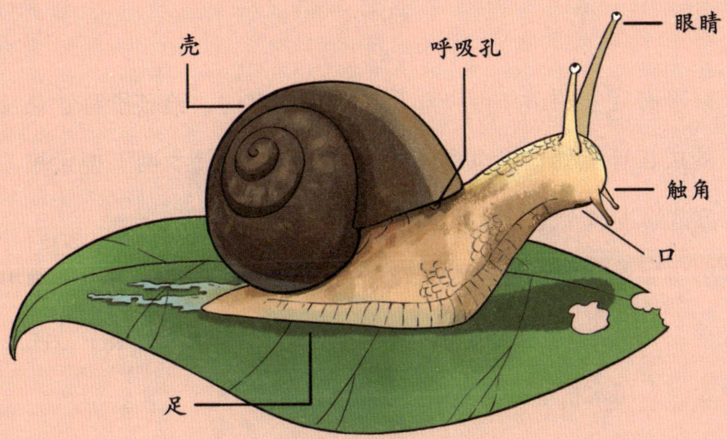

爸爸妈妈可以鼓励孩子做笔记，并且在以后遇到其他感兴趣的事物时，边观察边做笔记。

专注力训练游戏

小豆苗成长日记

家里有豆子的话，可以选几粒比较饱满的，给孩子科学普及下豆子的成长环境知识，也可以通过查找相关书籍、网上搜索相关资料等方式帮助孩子进行更详尽的了解。

准备一个透明的种植盆（孩子可以直观地看到豆子在土壤里生根、根系伸展蔓延的过程）以及土壤，把豆子埋入土壤中，注意不要埋太深，用水把土壤浇透。

豆子的成长情况，会直观地在透明种植盆里展现出来。随着时间的流逝，豆子的变化也会越来越明显。

爸爸妈妈可以和孩子一起观察豆子的生长过程，在观察的同时，可以引导孩子记录豆子生根、发芽的过程。

如果孩子还不会写字，可以用画画或者录音的形式记录，爸爸妈妈在一旁给予适当的引导、帮助。

这个过程不仅可以提高孩子的耐心、观察能力、记事能力，还可以帮助孩子提高专注力。

对于孩子来说，豆子的生长是个很神奇的过程，充满了惊喜。观察由他亲手种下的种子慢慢地生根、发芽的过程，会让孩子获得成就感、满足感，也能促进孩子的成长。孩子可以从中学到很多，感受到神奇的大自然、神奇的生命，并学会尊重生命，甚至可以培养孩子对动植物的兴趣。

当然了，除了豆子，还有很多其他可以种植的植物。比如麦子、花生、芒果、牛油果、花等等；还可以饲养鱼类、鸟类，有条件的可以试着孵化家禽。

当然，与植物相比，养小动物需要更多的准备，还要有充足的精力、耐心，需要做更多的功课，了解它们的生长习性、饮食特点，以及做完观察之后，需要做妥善的处理，不管是动物，还是植物，都不能随意丢弃哦。